KULTŪRIZMO VALGIŲ PARUOŠIMAS KURKNYGA

100 SKANIŲ RECEPTŲ, PADĖSIŲ UŽSIAUGINTI RAUMENIS

VISMANTĖ RADIŠAUSKAITĖ

Visos teisės saugomos.

Atsisakymas

Šioje el. knygoje pateikta informacija turi būti visapusiškas strategijų, apie kurias šios el. knygos autorius atliko tyrimą, rinkinys. Santraukas, strategijas, patarimus ir gudrybes rekomenduoja tik autorius, o šios el. knygos skaitymas negarantuoja, kad rezultatai tiksliai atspindės autoriaus rezultatus. Elektroninės knygos autorius dėjo visas pagrįstas pastangas, kad elektroninės knygos skaitytojams pateiktų naujausią ir tikslią informaciją. Autorius ir jo partneriai neprisiima atsakomybės už bet kokias netyčines klaidas ar praleidimus. El. knygos medžiagoje gali būti informacijos iš trečiųjų šalių. Trečiųjų šalių medžiagą sudaro jų savininkų nuomonė. Todėl el. knygos autorius neprisiima atsakomybės už bet kokią trečiųjų šalių medžiagą ar nuomones.

El. knygos autorių teisės priklauso © 2022, visos teisės saugomos. Visą ar dalį šios el. knygos platinti, kopijuoti ar kurti išvestinius kūrinius yra neteisėta. Jokia šios ataskaitos dalis negali būti atgaminta ar perduota bet kokia forma be raštiško ir pasirašyto autoriaus leidimo.

TURINYS

TURINYS 3
ĮVADAS 7
MAŽAI ANGLIAVANDENIŲ 15

1. SUPERMAISTAS NAKTINĖS AVIŽOS 16
2. AŠTRI VIŠTIENA SU KUSKUSU 18
3. GREITA HARISSA VIŠTIENA IR TABBOULEH 21
4. VIENO DĖKLO ANAKARDŽIŲ VIŠTIENA 24
5. LAZANIJOS KEPALAS 27
6. HARISOS VIŠTIENA IR MAROKIETIŠKAS KUSKUSAS 31
7. BUFFALO VIŠTIENOS MAKARONŲ SALOTOS 35
8. VIŠTIENA, SALDŽIOSIOS BULVĖS IR ŽALUMYNAI 38
9. AZIJIETIŠKA ŽEMĖS RIEŠUTŲ SVIESTO SEZAMO VIŠTIENA 41
10. ANT GROTELIŲ KEPTA VIŠTIENA IR RYŽIAI 44
11. MAŽO KALORINGUMO LAIMO IR ČILI KALAKUTIENOS MĖSAINIAI 47
12. MALAIZIJOS VIŠTIENOS SATAY 49
13. VIŠTIENA TIKKA MASALA 53
14. VIENO PUODO KOKOSO VIŠTIENOS IR RYŽIŲ MILTŲ PARUOŠIMAS 56
15. ANT GROTELIŲ IŠTRAUKTOS VIŠTIENOS MAC N SŪRIS 60
16. ŽEMĖS RIEŠUTŲ SVIESTO VIŠTIENOS KARIS 64
17. „FAJITA" MAKARONŲ KEPIMAS 68
18. KREMINĖ CITRINŲ IR ČIOBRELIŲ VIŠTIENA 71
19. VIŠTIENA IR CHORIZO PAELLA 74
20. LENGVAS BALTYMINIŲ PATIEKALŲ PARUOŠIMAS 77
21. KEPTAS TUNO KEPSNYS IR SALDŽIŲJŲ BULVIŲ SKILTELĖS 80
22. GREITA AŠTRI CAJUN LAŠIŠA IR ČESNAKINĖS DARŽOVĖS 84
23. TUNO MAKARONŲ SALOTOS 87
24. SALMON POKE BOWL 90
25. DAUG BALTYMŲ TURINTIS KEDGEREE 94
26. PAGARDINTA ĖRIENA SU FETA BULGUR 97
27. LIEKNI, KREMINIAI MAKARONAI SU DEŠRA 100
28. SALDŽIOSIOS BULVĖS IR CHORIZO HASH 103

29. TERIYAKI JAUTIENOS ZOODLES 106
30. KEPTAS FETOS KUSKUSAS.. 109
31. VIENO PUODO LĘŠIŲ DAHLAS 112
32. SALDŽIOSIOS PAPRIKOS VEGANIŠKAS DUBENĖLIS IR ŠOKOLADINIAI BALTYMŲ RUTULIUKAI 116
33. GALUTINIS 15 MINUČIŲ VEGANIŠKAS FAJITAS.. 120
34. TRAŠKŪS TOFU IR TERIYAKI MAKARONAI 123
35. VEGANIŠKAS BOLONIJOS LĘŠIS.. 127
36. PUSRYČIAI BURRITOS VISĄ SAVAITĘ 130
37. BURRITO STIKLAINIAI 134
38. ITIN DAUG BALTYMŲ TURINTYS ĮDARYTI PIPIRAI 4 BŪDAI................................. 137
39. ITALIŠKI VIŠTIENOS KUKULIAI SU SPAGEČIAIS 139
40. VIDURŽEMIO JŪROS TURKIJOS KUKULIAI SU TZATZIKI 143
41. DARŽOVIŲ IR JAUTIENOS KUKULIAI MARINARA 147
42. BALTYMINIAI MĖSOS KUKULIAI 151
43. KALAKUTIENOS, OBUOLIŲ IR ŠALAVIJŲ MĖSOS KUKULIAI 154
44. AZIJIETIŠKI MĖSOS KUKULIAI SU HOISIN OBUOLIŲ GLAISTU 157
45. SKRUDINTAS GILIŲ SKVOŠAS SU VIŠTIENOS KUKULIAIS 161
46. MEDAUS KEPSNINĖS VIŠTIENOS KUKULIAI 165
47. KALAKUTIENOS SALDŽIŲJŲ BULVIŲ KOTLETAI 168

DAUG BALTYMŲ 171

48. LENGVOS MEKSIKIETIŠKOS AVINŽIRNIŲ SALOTOS 172
49. TOFU IR ŠPINATŲ CANNELLONI 175
50. KOKOSŲ KARIO LĘŠIŲ SRIUBA 178
51. INDIJOS KARIO KVINOJA.. 181
52. ANT GROTELIŲ KEPTOS DARŽOVĖS ANT BALTŲJŲ PUPELIŲ KOŠĖS 184
53. ORKAITĖJE KEPTAS SEITANAS 187
54. AVINŽIRNIŲ TOFU 190
55. TROŠKINTAS TOFU 193
56. AŠTRUS ŽEMĖS RIEŠUTŲ SVIESTAS TEMPEH 196
57. RŪKYTOS AVINŽIRNIŲ TUNO SALOTOS 199
58. TAILANDIETIŠKOS QUINOA SALOTOS 202
59. TURKIŠKOS PUPELIŲ SALOTOS... 205
60. DARŽOVIŲ IR QUINOA DUBENYS 208
61. MIGDOLŲ SVIESTO TOFU PAKEPINTI 211

62. QUINOA AVINŽIRNIŲ BUDOS DUBUO 214
63. SEITANO PARMEZANAS 217
64. RAUDONŲJŲ LĘŠIŲ PYRAGAIČIAI 220
65. RUKOLOS PESTO IR CUKINIJOS 223
66. VEGETARIŠKAS TROŠKINYS 226
67. SKRUDINTI BRIUSELIO KOPŪSTAI 229
68. AVOKADŲ AVINŽIRNIŲ SUMUŠTINIS 231
69. KEPTUVĖ QUINOA 233
70. LIPNUS TOFU SU MAKARONAIS 236
71. VEGANIŠKAS BBQ TERIYAKI TOFU 239
72. DAIGAI SU ŠPARAGINĖMIS PUPELĖMIS 242
73. PLIKYTAS TOFU SU RIDIKĖLIAIS 244
74. LĘŠIŲ LAZANIJA 247
75. LĘŠIŲ KOTLETAI 250
76. KIAULIENOS MEDALIONAI SU LAZDYNO RIEŠUTAIS 253
77. KIAULIENOS KOTLETAI SU PASIMĖGAVIMU 256
78. KIAULIENA SU SPAGETI MOLIŪGAIS 259
79. AŠTRUS QUINOA FALAFELIS 262
80. BUTTERNUT MOLIŪGŲ GALETAS 265
81. KVINOJA SU KARIO PASTA 268
82. KEPTA DŪMINĖ MORKŲ ŠONINĖ 271
83. LAŠIŠA ANT SPAGEČIŲ SKVOŠO 273
84. TROŠKINTA LAŠIŠA ANT PORŲ 276
85. ANT GROTELIŲ KEPTA KARDŽUVĖ SU SALSA 278
86. TUNO KEPSNIAI SU MAJONEZU 280
87. SUSPAUSTAS ŽIEMINIS MOLIŪGAS 282
88. SUSMULKINTOS ŠUKUTĖS PROSCIUTTO 284
89. SEITANAS IR JUODOJI PUPELĖ 287
90. CURRIED TOFU DANGTELIAI 290
91. TAILANDIETIŠKOS SALOTOS SU TEMPE 293
92. PIŠPŪSTAS QUINOA BATONĖLIS 296
93. CSOKOLADINIAI SAUSAINIAI 298
94. SHELLED EDAMAME DIP 301
95. MACHA ANAKARDŽIŲ PUODELIAI 303
96. CAKVARIUMŲ ŠOKOLADO GRIEŽINĖLIAI 305
97. SŠLAPI ŽALI SAUSAINIAI 307

98.	Bananos batonėliai	310
99.	Proteino spurgos	313
100.	Hvieno sezamo tofu	316

IŠVADA 319

ĮVADAS

Niekas nekreipia tiek dėmesio į tai, ką valgo, kaip kultūristas. Kalorijos turi būti tinkamos, o makrokomandos turi būti subalansuotos, taip pat negalime pamiršti ir mikro.

Be to, yra įvairios dietos filosofijos, kurios kovoja dėl „pole" pozicijos – protarpinis badavimas, angliavandenių ciklas, ketogeninė ir lanksti dieta. Nepriklausomai nuo jūsų pageidavimų, šie kultūrizmo receptai jums padės.

Čia rasite šiek tiek visko, kad jūsų valgis būtų sėkmingas – nuo kaloringų ir angliavandenių iki mažai angliavandenių turinčio ir mažai angliavandenių turinčio, greito ir lengvo iki labiau įtraukiančio (ir naudingo!). O ir, žinoma, baltymų taip pat yra daug!

Raumenų auginimas ir riebalų deginimas

Kultūrizmas yra subtilus balansas tarp raumenų auginimo ir riebalų deginimo. Jums reikia pakankamai kalorijų, kad padidintumėte raumenų masę, tačiau jums taip pat reikia kalorijų deficito, kad sudegintumėte sukauptus riebalus. Skamba neįmanoma, bet taip nėra. Paslaptis? Pagrindinė matematika. Arba, kaip tai vadinama fitneso pasaulyje: energijos balanso lygtis. Paprasčiau tariant, kuo daugiau raumenų masės turite ir kuo aktyvesnis esate, tuo daugiau jums reikia valgyti. Taip yra todėl, kad kuo daugiau liesos raumenų masės turite, tuo daugiau energijos (ačiū, maisto!) reikia norint išjudinti raumenis. Viskas, pradedant pagrindinėmis funkcijomis, tokiomis kaip kvėpavimas, virškinimas ir širdies plakimas, baigiant vaikščiojimu ir skalbinių nešimu laiptais ar labiau apgalvotais pratimais, tokiais kaip bėgimas ar didelio svorio stūmimas sporto salėje – jūsų kūnui reikia energijos ir, jei tai darote. Visos šios užduotys turint daugiau liesų raumenų, jums reikia daugiau degalų.

Prieš bėgdami prie šaldytuvo, pažvelkime į kitą spektro galą. Kai suvalgome daugiau kalorijų, nei sunaudoja mūsų kūnas, visos tos papildomos kalorijos kaupiamos kaip riebalai. Dėl šios priežasties daugelis žmonių, kurie trokšta sustiprėti, iš tikrųjų niekada netampa liekni ir susmulkinti. Jie iš tiesų gali sustiprėti, bet lieknėti reiškia, kad reikia atsisakyti papildomų kalorijų. Dar reikia atsižvelgti į kitus veiksnius, tokius kaip prasta maisto kokybė, maistinių medžiagų laiko trūkumas ir netinkamas makroelementų santykis. Žinoma, visos kalorijos nėra lygios. Mes norime aprūpinti savo kūną geriausiais statybiniais blokais tinkamu metu, kad galėtume treniruotis, pagerinti našumą, auginti daugiau raumenų ir atsikratyti papildomų kūno riebalų.

Penkiolika geriausių raumenis stiprinančių maisto produktų

1. **Jautiena iš žole šeriamų galvijų**, lyginant su grūdine jautiena, turi mažesnį riebalų kiekį, daugiau nepakeičiamųjų riebalų rūgščių ir antioksidantų bei mažiau tų riebalų, kurie didina cholesterolio kiekį.

2. **Balta mėsa:** vištiena, kalakutiena ir kiauliena yra puikūs liesos baltos mėsos šaltiniai. Jame yra mažai riebalų ir daug baltymų, todėl galite gauti visus jums reikalingus baltymų gramus, nesiunčiant kalorijų per stogą.

3. **Lašiša** yra vienas didžiausių vitamino D maisto šaltinių. Tyrimais įrodyta, kad vitaminas D prisideda prie didesnės raumenų jėgos.

4. **Vėžiagyviai** yra nuostabūs liesų baltymų ir cinko šaltiniai. Cinkas yra būtinas atliekant fizinius pratimus, ir kuo daugiau stengiamės, tuo daugiau jo išsenka. Aukšto cinko kiekio palaikymas padės jums pasiekti geriausią rezultatą.

5. **Kiaušinių tryniai** yra daug cholesterolio – tai riebalų rūšis, kurią jūsų kūnas efektyviausiai naudoja testosterono gamybai. Jie taip pat suteikia vitamino D, vitamino, susijusio su didesniu testosterono kiekiu. Žinoma, gudrybė yra saikas, todėl stebėkite porcijas.

6. **graikiškas jogurtas** turi mažiau angliavandenių ir daug daugiau baltymų (23 g puodelyje!) nei įprastas jogurtas,

jame yra probiotikų, kurie padeda virškinti ir gerina maistinių medžiagų įsisavinimą.

7. **Pupelės** yra pigiausi baltymai, kuriuos galite nusipirkti. Be baltymų, pupelėse yra daug skaidulų ir lėtai virškinamų angliavandenių, kurie padeda stabilizuoti cukraus kiekį kraujyje treniruotės ir kasdienės veiklos metu.

8. **Kvinoja** yra vienintelis grūdas, laikomas visaverčiu baltymu. Jis aprūpina nepakeičiamomis aminorūgštimis, taip pat vitaminais, mineralais, antioksidantais ir skaidulomis.

9. **Kryžmažiedžių daržovių** Tai yra brokoliai, bok choy, žiediniai kopūstai, kopūstai, Briuselio kopūstai, ridikai, lapiniai kopūstai ir žalumynai. Šios daržovės yra natūralus aromatazės inhibitorių šaltinis, padedantis kontroliuoti estrogeną ir pagerinti laisvojo testosterono kiekį.

10. **Obuoliai** sudėtyje yra ursolio rūgšties, natūralaus junginio, kuris blokuoja raumenų nykimą ir skatina didesnį raumenų augimą, stiprindamas į insuliną panašius augimo faktorius.

11. **Bananai** yra pigus ir skanus angliavandenių šaltinis, kupinas kalio ir skaidulų, kurie, kaip įrodė, yra tokie pat veiksmingi gerinant našumą, kaip ir angliavandenių gėrimai.

12. **Burokėliai** yra puikus azoto oksido šaltinis, papildas, kuris, kaip įrodyta, pagerina našumą, kovoja su nuovargiu ir padeda greičiau atsigauti.

13. **Kokosai** yra sveiko testosterono kūrimo sočiųjų riebalų šaltinio. Įrodyta, kad dietos, kuriose yra per mažai sočiųjų riebalų, sumažina testosterono kiekį, o tai gali apriboti jūsų galimą pelną sporto salėje.

14. **Rausvos spalvos bulvės** s yra greitai pasisavinami angliavandeniai, turintys labai aukštą glikemijos indeksą. Po intensyvios treniruotės jie padės papildyti jūsų raumenis kitai treniruotei, pagerins atsigavimą ir padidins treniruočių krūvį.

15. **Saldžiosios bulvės** yra geriausias beta karotino šaltinis – galingas antioksidantas, kuris padės priaugti raumenų masės.

Penkiolika geriausių riebalus deginančių maisto produktų

1. **Neriebus baltymas:** Mažesnio bendrojo kalorijų kiekio baltymų šaltiniai, tokie kaip krevetės, kiaulienos nugarinė, vištienos krūtinėlės, kiaušinių baltymai arba neriebus graikiškas jogurtas, būtų geriausias pasirinkimas norint numesti svorio.

2. **Šalto vandens žuvis** turi daug omega-3 riebalų rūgščių, kurios, kaip įrodyta, pagerina leptino, hormono, padedančio reguliuoti alkio ir sotumo jausmą, kiekį.

3. **Riešutai** yra daug baltymų, skaidulų ir sveikųjų riebalų. Klinikiniai tyrimai parodė, kad mažai kalorijų turinčios dietos, kuriose yra riešutų, numeta daugiau svorio nei dietos, kuriose trūksta riešutų.

4. **Kryžmažiedžių daržovių** aprūpinti ligomis kovojančių fitocheminių medžiagų. Visų pirma, indol-3-karbinolis, padeda numesti svorio, kovoja su svorio padidėjimu, gerina gliukozės toleranciją ir padeda reguliuoti estrogeno ir testosterono kiekį.

5. **špinatai,** Įrodyta, kad kitos žaliųjų augalų plėvelės, panašios į ją, yra svarbi dietos dalis, sukelianti reikšmingą svorio mažėjimą, pagerinanti cholesterolio kiekį, mažinanti potraukį valgyti saldumynus ir pažaboti alkį.

6. **Aitriosios paprikos** yra supakuoti su junginiu, vadinamu kapsaicinu, kuris padeda sumažinti apetitą. Be to,

stimuliuodami organizmo simpatoadrenalinę sistemą, jie suaktyvina medžiagų apykaitą, todėl galite sudeginti daugiau kalorijų iš sukauptų riebalų.

7. **Obuoliai.** Neseniai atliktas tyrimas parodė, kad obuolių pektinas apsaugo nuo svorio padidėjimo ir riebalų kaupimosi, nes stiprina žarnyno barjerinę funkciją, gerina bakterijų pusiausvyrą virškinamajame trakte ir mažina uždegimą. Kaip ir kiti tirpių skaidulų šaltiniai, obuolių pektinas taip pat gerina cholesterolio kiekį ir širdies sveikatą.

8. **Citrusinis vaisius** yra pilnas vitamino C, antioksidantų, flavonoidų ir tirpaus pektino skaidulų. Greipfrutuose ypač yra naringenino, antioksidanto, kuris pagerina organizmo insulino naudojimą ir padidina kalorijų deginimą.

9. **Avietės.** Aviečių ketonas yra natūralus fenolio junginys, randamas raudonose avietėse. Aviečių ketonas ne tik padeda išvengti svorio padidėjimo, bet ir padidina sukauptų riebalų skaidymąsi organizme.

10. **Nesmulkintos avižos** ir avižų sėlenose gausu vandenyje tirpių skaidulų beta gliukano, kuris gerina cholesterolio kiekį ir gerina širdies sveikatą. Avižos taip pat yra lėtai virškinamos, todėl ilgiau nei vartodami kitus grūdus jaučiatės sotūs ir patenkinti.

11. **Cinamonas** padeda reguliuoti cukraus kiekį kraujyje. Cinamono įtraukimas į savo mitybą gali sumažinti atsparumą

insulinui, kurį sukelia netinkami mitybos įpročiai, ir neutralizuoti neigiamą streso poveikį svorio augimui.

12. **Psyllium luobelė** yra mažai kaloringas skaidulų šaltinis. Kai jis liečiasi su vandeniu, jis išsipučia, todėl pridėjus jį prie bet kokio patiekalo, patiekalas tampa tankesnis ir sotesnis, todėl galite išlaikyti savo kalorijų tikslus.

13. **obuolių sidro actas** įrodyta, kad reguliariai vartojant gerėja cholesterolio kiekis. Apskritai actas, kai yra valgio dalis, gali sumažinti cukraus kiekio kraujyje šuolius, todėl ilgiau jaučiatės sotūs ir patenkinti.

14. **Žalioji arbata** yra katechinų ir kofeino, kurie padidina energijos apykaitą, todėl mažėja svoris.

15. **Kokosų aliejus** virškinama kitaip nei kiti riebalai. Jo skaidymas padeda pagerinti energijos apykaitą ir apsaugo kepenis nuo pažeidimų. Kasdienis kokosų aliejaus papildymas ypač padeda sumažinti pilvo riebalus ir gerina cholesterolio kiekį.

MAŽAI ANGLIAVANDENIŲ

1. Supermaistas Naktinės Avižos

Patiekiama: 1

Ingridientai

- 75 g jogurto be pieno
- 50 g greitai paruošiamų avižų
- 125 ml migdolų pieno
- 1 valgomasis šaukštas migdolų sviesto
- 1 arbatinis šaukštelis cinamono
- Žiupsnelis druskos

Kryptys

a) Sumaišykite visus ingredientus indelyje ar dubenyje ir gerai išmaišykite.

b) Uždenkite ir laikykite šaldytuve bent 4 valandas arba per naktį, tada mėgaukitės skaniai putliomis ir kreminėmis avižomis per naktį!

2. Aštri vištiena su kuskusu

Porcijos 4

Ingridientai

- 1 valgomasis šaukštas kario pastos
- 1 valgomasis šaukštas mangų čatnio
- 1/2 arbatinio šaukštelio ciberžolės
- 1 porcija druskos (pagal skonį)
- 50 ml alyvuogių aliejaus
- 4 vištienos krūtinėlės
- 300 g kuskuso
- 350 ml daržovių sultinio
- Pasirenkami priedai:
- Granatų sėklos
- Kalendra

Kryptys

a) Norėdami paruošti vištienos marinatą, į dubenį įpilkite kario pastos, čatnio, ciberžolės, druskos ir alyvuogių aliejaus ir gerai išmaišykite.

b) Prieš dėdami į marinatą, kiekvieną vištienos krūtinėlę perpjaukite per pusę. Gerai išmaišykite, kol visa vištiena bus padengta.

c) Palikite vištieną bent 20 minučių – geriausia per naktį šaldytuve.

d) Ant vidutinės ugnies įkaitinkite grilio keptuvę ir išdėliokite vištienos gabalėlius. Kepkite vištienos gabalėlius ant grotelių 5-6 minutes iš kiekvienos pusės arba kol taps auksinės spalvos ir šiek tiek apdegs.

e) Tuo tarpu kuskusą sudėkite į didelį dubenį ir atsargiai supilkite verdantį daržovių sultinį. Uždenkite dubenį dangčiu ir palikite kuskusui mirkti apie 5 minutes.

f) Suplakite kuskusą šakute ir pridėkite bet kokių norimų priedų. Granatų sėklos yra puikios spalvos ir skonio.

g) Padalinkite savo kuskusą į 4 indelius, prieš užpildami dviem marinuotos vištienos gabalėliais. Patiekalą užbaikite pabarstydami kalendra.

3. Greita Harissa vištiena ir Tabbouleh

Gamina: 4 valg

Ingridientai

- 50 g harisos pastos
- 1 arbatinis šaukštelis aukščiausios kokybės pirmojo spaudimo alyvuogių aliejaus
- 1 žiupsnelis ruonių druskos
- 3 x vištienos krūtinėlė (išbandykite odelę, kad gautumėte papildomo skonio)
- 180 g bulgarų kviečių arba kuskuso (sausas svoris)
- 40 g petražolių (stiebai ir lapai)
- 20 g mėtų lapelių
- 6-8 x laiškiniai svogūnai
- 1/2 agurko
- 4 x pomidorai
- 6 šaukštai graikiško jogurto
- 1/2 citrinos (sultys ir žievelė)
- 1 skiltelė česnako (smulkinta)
- 1 žiupsnelis jūros druskos

- 1 sauja granatų sėklų (nebūtina)

Kryptys

a) Vištienai: įkaitinkite orkaitę iki 190°C. Mažame dubenyje sumaišykite harisos pastą, alyvuogių aliejų ir žiupsnelį druskos.

b) Aštriu peiliu nubraukite vištienos krūtinėlių viršūnes, tada įtrinkite harisos mišiniu ant vištienos krūtinėlių ir įbrėžimų linijų.

c) Laukdami padarykite tabulę. Bulgarinius kviečius arba kuskusą išvirkite pagal nurodymus pakuotės gale. Išvirus nusausinkite, supilkite į didelį maišymo dubenį ir šakute atskirkite grūdus. Leiskite atvėsti.

d) Smulkiai supjaustykite petražoles, mėtų lapelius, laiškinius svogūnus, agurką ir

e) Padažui: tiesiog dubenyje sumaišykite graikišką jogurtą, citrinos sultis ir žievelę, maltą česnaką ir jūros druską.

f) Kai visi komponentai bus paruošti, padalinkite į tris Tupperware talpyklas. Leiskite atvėsti, tada šaldykite ir laikykite iki 3 dienų.

4. Vieno dėklo anakardžių vištiena

Gamina: 4 valg

Ingridientai

- 3 valgomieji šaukštai anakardžių sviesto
- 2 šaukštai sojos padažo
- 2 šaukštai klevų arba agavų sirupo
- 2 skiltelės česnako
- 1 arbatinis šaukštelis Kinijos penkių prieskonių
- 4 vištienos krūtinėlės (supjaustytos kubeliais)
- 1 galva brokolis (supjaustytas žiedynais)
- 40 g anakardžių riešutų
- 2 raudonos paprikos (supjaustytos kubeliais)
- Sauja šviežios kalendros
- 300 g basmati ryžių (virti)

Kryptys

a) Įkaitinkite orkaitę iki 200°C arba 180°C, jei norite su ventiliatoriumi. Dideliame dubenyje sumaišykite anakardžių sviestą, sojų padažą, klevų sirupą, česnaką ir penkis prieskonius.

b) Į dubenį sudėkite kubeliais pjaustytus vištienos ir brokolių žiedynus ir gerai uždenkite.

c) Dubenėlio turinį supilkite į gilią kepimo skardą ir kepkite 20 min.

d) Tuo tarpu paskrudinkite anakardžių riešutus. Įkaitinkite keptuvę ant stiprios ugnies, suberkite anakardžius ir nejudinkite jų tol, kol pradės ruduoti ir šiek tiek iššokti. Išmeskite ir leiskite apskrusti iš kitos pusės.

e) Kai anakardžių vištiena ir brokoliai iškeps, sumaišykite su anakardžių riešutais ir čili, padalinkite ir sudėkite į Tupperware dėžutes su virtais basmati ryžiais. Kiekvieną užbarstykite šiek tiek kapotos kalendros ir atšaldykite. Lengva!

5. Lazanijos kepalas

Padaro: 4 porcijos

Ingridientai

- 1 arbatinis šaukštelis kokosų aliejaus
- 1 baltas svogūnas, stambiai pjaustytas
- 2 skiltelės česnako, smulkiai supjaustytos
- 1 valgomasis šaukštas džiovinto raudonėlio
- 350 g kalakutienos faršo
- 600 g pjaustytų pomidorų arba pomidorų pasatos
- 300 g lazanijos lakštų
- 1 cukinija
- 1 arbatinis šaukštelis jūros druskos ir juodųjų pipirų
- 400 g varškės
- 3 kiaušinių baltymai
- 100 g neriebaus sūrio (tarkuoto)

Kryptys

a) Pirmiausia pasigaminkite kalakutienos ragu. Į keptuvę ant vidutinės arba stiprios ugnies įpilkite kokosų aliejaus. Sudėkite svogūną ir patroškinkite 3–4 minutes, tada suberkite česnaką ir pakepinkite dar 2 minutes (jei naudojate miltelių pavidalo variantus, sudėkite juos atlikę kitą veiksmą).

b) Tada sudėkite kalakutienos faršą ir mentele šiek tiek sulaužykite, tada leiskite 3-4 minutes apskrusti, retkarčiais pamaišydami. Įmaišykite raudonėli, ½ arbatinio šaukštelio druskos ir pipirų bei pomidorus ir troškinkite ant mažos ugnies 10 minučių.

c) Kol laukiate, dubenyje suplakite varškę ir kiaušinių baltymus su likusia druska ir pipirais. Atidėti. Įkaitinkite orkaitę iki 200°C arba 180°C, jei norite su ventiliatoriumi.

d) Dabar paruoškite cukinijos ir lazanijos lakštus. Daržovių skustuvu supjaustykite cukiniją išilgai, kad gautumėte ilgus griežinėlius. Lazanijos lakštus nuplaukite po šaltu vandeniu kiaurasamtyje.

e) Kai kalakutienos ragu bus paruoštas, laikas gaminti lazaniją. Pradėkite nuo cukinijų lakštų sluoksnio, kad išvirus būtų lengva išimti. Tada pakaitomis sumaišykite ragu, sūrio padažą, lazanijos lakštus ir cukiniją. Užbaikite lazanijos sluoksniu, tada sūrio padažu, tada pabarstykite neriebiu sūriu.

f) Kepkite 15 minučių su folija, tada nuimkite foliją, padidinkite šilumą iki 20°C ir kepkite dar 20 minučių. Išvirus suskirstykite į keturias patiekalų ruošimo indus, patiekite su mėgstamomis salotomis ar daržovėmis ir laikykite šaldytuve iki trijų dienų.

6. Harisos vištiena ir marokietiškas kuskusas

Tarnauja 4

Ingridientai

- 500 g vištienos šlaunelių be kaulų
- 1 valgomasis šaukštas aukščiausios kokybės pirmojo spaudimo alyvuogių aliejaus
- 2 šaukštai harisos pastos
- ½ citrinos (išspaustos sultys)
- 1 svogūnas (smulkiai pjaustytas)
- 3 česnako skiltelės (susmulkintos)
- 2 šaukštai kokosų aliejaus
- 1 arbatinis šaukštelis kmynų
- 1 arbatinis šaukštelis rūkytos paprikos
- 350 g kuskuso
- 1 daržovių sultinio kubelis
- 1 litras virinto vandens
- 1 krūva šviežių petražolių (smulkiai pjaustytų)
- 1 arbatinis šaukštelis čili dribsnių
- 40 g pušies riešutų

- 50 g razinų

Kryptys

a) Pirmiausia į vištienos šlaunis įpilkite alyvuogių aliejaus, harisos pastos, druskos, pipirų ir citrinos sulčių ir įmasažuokite jas. Aptepus, atidėkite į šalį ir palikite pasimarinuoti.

b) Tuo tarpu susmulkinkite svogūną ir česnaką, tada nepridegančioje keptuvėje įkaitinkite šaukštą kokosų aliejaus. Sudėkite svogūną ir kepkite 5 minutes, kol suminkštės.

c) Į keptuvę suberkite česnaką ir virkite 2 minutes, prieš suberdami kmynus ir rūkytą papriką. Prieskonius įmaišykite į svogūną ir česnaką, tada įmaišykite sausą kuskusą.

d) Sumaišykite daržovių sultinį ir verdantį vandenį, tada supilkite į keptuvę. Viską išmaišykite, kol susimaišys ir palikite kuskusą, kad susigertų skystis.

e) Tuo tarpu ketaus keptuvėje arba keptuvėje ant stiprios ugnies įkaitinkite likusį šaukštą kokosų aliejaus. Įdėkite harissa vištienos šlauneles ir kepkite 4-5 minutes iš kiekvienos pusės, prieš išimdami iš keptuvės ir atidėdami.

f) Kai kuskusas sugers daržovių sultinį ir padvigubės, supilkite į didelį dubenį ir suberkite razinas, pušies riešutus, petražoles, ½ citrinos sultis, druską, pipirus ir čili dribsnius.

g) Į kiekvieną patiekalo ruošimo indą įdėkite po kuskuso lovą ir ant viršaus uždėkite griežinėliais pjaustytą harissa vištieną.

7. Buffalo vištienos makaronų salotos

Gamina: 3 valg

Ingridientai

Makaronams:

- 160 g virtų makaronų
- 3 virtos vištienos krūtinėlės
- 2 saliero stiebai
- Sauja vyšninių pomidorų
- 1 geltona paprika
- 2 šaukštai sumažinto riebumo rančo padažo
- Didelės saujos mišrių lapų

Buivolių padažui:

- 175 ml peri-peri padažo
- ½ arbatinio šaukštelio česnako miltelių
- 4 šaukštai sumažinto riebumo sviesto arba margarino
- Žiupsnelis druskos

Kryptys

a) Uždėkite puodą ant vidutinės ugnies ir supilkite peri-peri padažą bei česnako miltelius. Virkite 2 minutes, tada įpilkite sviesto ir druskos ir virkite dar 5 minutes, retkarčiais pamaišydami. Nukelkite nuo ugnies ir palikite kelias minutes atvėsti.

b) Salierą, pomidorus ir pipirus supjaustykite kąsnio dydžio gabalėliais, o vištieną susmulkinkite dviem šakutėmis. Sudėkite į didelį maišymo dubenį su virtais makaronais.

c) Užpilkite buivolių padažu ir išmeskite jį per makaronų salotas. Padalinkite į 3 patiekalų ruošimo indus ir kiekvieną užpilkite šiek tiek rančo padažo ir patiekite su sauja mišrių lapelių arba mėgstamomis salotomis. Laikykite šaldytuve iki 3 dienų ir mėgaukitės karštu arba šaltu.

8. Vištiena, saldžiosios bulvės ir žalumynai

Ingridientai

- 2 šaukštai kokosų aliejaus
- 4 x 130 g vištienos krūtinėlės
- 350 g saldžiųjų bulvių
- 1/2 arbatinio šaukštelio jūros druskos
- 1/2 arbatinio šaukštelio juodųjų pipirų
- 1/2 arbatinio šaukštelio paprikos
- 1 maišelis šviežių špinatų
- 350 g šparaginių pupelių (supjaustytų)
- Pabarstykite pasirinktais prieskoniais

Kryptys

a) Įkaitinkite orkaitę iki 180°C.

b) Pirmiausia saldžiąsias bulves supjaustykite griežinėliais ir padėkite ant kepimo skardos. Pagardinkite druska, pipirais ir paprika, tada kepkite 25 minutes.

c) Užvirinkite virdulį ir sudėkite nupjautas šparagines pupeles į dubenį. Šparagines pupeles užpilkite verdančiu vandeniu su žiupsneliu druskos ir leiskite blanširuotis 1-2 minutes (neišvirkite iki galo, kad išlaikytumėte maistinę vertę).

d) Vištienos krūtinėlę padėkite ant grotelių arba didelės nepridegančios keptuvės ant vidutinės ugnies ir kepkite iki rudos iš vienos pusės, tada apverskite vištieną ir kiekvieną krūtinėlę pagardinkite pasirinktais prieskoniais.

e) Kai vištiena gerai iškeps, padėkite ant lentos pailsėti ir atvėsti.

f) Iš pasūdyto vandens nusausinkite šparagines pupeles.

g) Kai visi ingredientai atvės, paruoškite patiekalų dėžutes. Į kiekvieną dėžutę įdėkite 2 saujas špinatų, kaušelį griežinėlių, šparagines pupeles ir vištienos krūtinėlę.

h) Laikykite sandariai uždarytoje talpykloje šaldytuve, tada 3-4 minutes krosnelėje įdėkite į mikrobangų krosnelę arba kol įkais.

9. Azijietiška žemės riešutų sviesto sezamo vištiena

Ingridientai

Dėl vištienos:

- 5 šaukštai žemės riešutų sviesto
- 50 ml apelsinų sulčių
- 3 šaukštai sirupo be cukraus (klevo skonio)
- 3 šaukštai sojos padažo
- 1 nykščio imbiero (tarkuoto)
- 3 vištienos krūtinėlės
- Dėl salotų:

- 2 agurkai (spiralizuoti arba plonais griežinėliais)
- 2 morkos (spiralizuotos arba plonais griežinėliais)

Salotų padažas:

- 2 valgomieji šaukštai sirupo be cukraus (klevų skonio) arba klevų sirupo
- 4 šaukštai sojos padažo
- 2 šaukštai sezamo aliejaus

Patiekite su:

- 30 g (sausas svoris) rudųjų/basmati ryžių vienam valgiui

Kryptys

a) Įkaitinkite orkaitę iki 200°C arba 180°C, jei naudojate ventiliatorių.

b) Žemės riešutų sviestą, 100 ml karšto vandens ir apelsinų sultis išplakite iki vientisos masės, tada supilkite sirupą, sojų padažą ir imbierą. Atidėti.

c) Vištienos krūtinėles pasūdykite ir apkepkite kepdami ant stiprios ugnies nelipnioje keptuvėje po 3 minutes iš kiekvienos pusės, tada perkelkite į troškinimo indą ir kruopščiai aptepkite vištieną žemės riešutų sviesto padažu.

d) Kepkite 20 minučių.

e) Laukdami pasigaminkite salotų užpilą, išplakdami sirupą, soją, sezamo aliejų ir sėklas, tada sumaišykite su spiralizuotu agurku ir morkomis.

f) Kai vištiena iškeps, sudėkite į maisto ruošimo dėžutes ir patiekite su salotomis bei rudaisiais ryžiais. Trijų dienų pietų ruošiniai surūšiuoti.

10. Ant grotelių kepta vištiena ir ryžiai

Ingridientai

- 1 valgomasis šaukštas kokosų aliejaus
- 450 g virtų baltųjų ryžių
- 600 g vištienos krūtinėlės
- 6 saujos špinatų
- 75 g saldžiųjų kukurūzų
- 3 šaukštai barbekiu padažo
- 1 arbatinis šaukštelis saldžiosios paprikos
- 9 vyšniniai pomidorai

Kryptys

a) Kiekvieną žalią vištienos krūtinėlę perpjaukite per pusę horizontaliai.

b) Visą vištieną ištrinkite barbekiu padažu, paprika, druska ir pipirais.

c) Į karštą keptuvę arba groteles įpilkite kokosų aliejaus ir padėkite vištieną į keptuvę ant vidutinės ugnies maždaug 4 minutes iš kiekvienos pusės. Apverskite ir, kai gerai iškeps, padėkite į lėkštę, kad atvėstų.

d) Įdėkite 2 saujas špinatų į savo plastikinių Tupperware kubilų pagrindą.

e) Išvirkite ryžius pagal nurodymus ant pakuotės ir leiskite atvėsti. Užpildykite savo vonias iš vienos pusės.

f) Ant ryžių uždėkite kukurūzų ir sudėkite griežinėliais pjaustytus pomidorus.

g) Užbaikite ruošimą įdėdami šaltą vištieną ir padėkite į šaldytuvą.

11. Mažo kaloringumo laimo ir čili kalakutienos mėsainiai

Ingridientai

- 1 arbatinis šaukštelis kokosų aliejaus
- 50 g valcuotų avižų
- 40 g kalakutienos faršo (2-7% riebumo faršo)
- 1/2 arbatinio šaukštelio jūros druskos ir juodųjų pipirų
- 1/2 raudonosios paprikos
- 1 arbatinis šaukštelis česnako pasta
- 1/2 mažo raudonojo svogūno
- 1/2 laimo (sultys ir žievelė)

Kryptys

a) Pirmiausia įkaitinkite orkaitę iki 180°C. Sudėkite avižas į virtuvinį kombainą ir trinkite, kol suminkštės.

b) Sudėkite svogūną, čili, česnaką, žaliosios citrinos sultis ir žievelę ir trinkite, kol stambiai susmulkinsite. Tada suberkite mėsainio faršą, druską ir pipirus ir sumaišykite.

c) Rankomis padarykite 5 mėsainių paplotėlius ir dėkite ant išklotos kepimo skardos.

d) Kepkite 15-20 minučių.

e) Patiekite su pasirinktomis daržovėmis.

12. Malaizijos vištienos satay

Gamina: 4 valg

Ingridientai

- 2 šaukštai sezamo, žemės riešutų arba alyvuogių aliejaus
- 2 citrinžolės stiebai
- 1 baltas svogūnas
- 2 skiltelės česnako
- 1 nykščio imbiero
- 2 raudonos paprikos
- 1 arbatinis šaukštelis ciberžolės
- 1 arbatinis šaukštelis kmynų sėklų
- 8 valgomieji šaukštai žemės riešutų sviesto miltelių arba 4-6 šaukštai įprasto žemės riešutų sviesto
- 3 vištienos krūtinėlės (supjaustytos kubeliais)
- 300 g pilno grūdo ryžių (virti)
- 1 raudonasis svogūnas (supjaustytas)
- 1 agurkas (smulkintas)

Kryptys

a) Pirmiausia į trintuvą sudėkite sezamų aliejų, citrinžolę, svogūną, česnaką, imbierą, čili pipirus, ciberžolę ir kmynus. Apdorokite, kol gausite vientisą pastą.

b) Tada atskirame dubenyje sumaišykite 8 valgomuosius šaukštus žemės riešutų sviesto miltelių su 8 valgomaisiais šaukštais vandens, kol jis atrodys kaip žemės riešutų sviestas. Įpilkite šiek tiek daugiau miltelių arba vandens, kad gautumėte norimą konsistenciją.

c) Sumaišykite pusę prieskonių pastos su žemės riešutų sviestu, kad gautumėte žemės riešutų padažą, o likusią prieskonių pastą užpilkite ant kubeliais supjaustytos vištienos. Suverkite vištieną ant 6 nedidelių iešmelių (vėrinukus pamirkykite vandenyje bent valandą, kad nepridegtų malkos). Jei turite laiko, leiskite vištienai pasimarinuoti porą valandų.

d) Kepkite vištienos iešmelius ant vidutinės ir stiprios ugnies 8-10 minučių arba kol visiškai iškeps. Iškepus išimkite iš keptuvės ir atidėkite į šalį.

e) Į tą pačią keptuvę įpilkite žemės riešutų padažo ir užvirinkite, retkarčiais pamaišydami, kol sušils. Nukelkite nuo ugnies.

f) Paruoškite tris Tupperware dėžutes su virtais ryžiais, pjaustytu agurku ir smulkintu raudonuoju svogūnu. Į kiekvieną dėžutę įdėkite du vištienos iešmelius. Padalinkite žemės riešutų padažą į tris mažesnes Tupperware dėžutes arba užpilkite padažu tiesiai ant vištienos.

g) Laikyti šaldytuve iki 3 dienų. Mikrobangų krosnelė visu galingumu 3 minutes arba tol, kol vamzdžiai įkais. Ir štai – 3 dienų maitinimas pagyvins biuro pietus!

13. Vištiena Tikka Masala

Tarnauja 4

Ingridientai

- 1 valgomasis šaukštas 100% kokosų aliejaus
- 500 g vištienos krūtinėlės (supjaustytos kubeliais)
- 1 baltas svogūnas (smulkiai pjaustytas)
- 4 česnako skiltelės (tarkuotos arba sutrintos)
- 1 valgomasis šaukštas imbiero (tarkuoto)
- 2 šaukštai pomidorų tyrės
- 1 arbatinis šaukštelis ciberžolės
- 1 arbatinis šaukštelis garam masala
- $\frac{1}{2}$ arbatinio šaukštelio čili miltelių
- 1 skardinė pjaustytų pomidorų (sumaišyti)
- 1 puodelis verdančio vištienos sultinio
- 3 dideli šaukštai riebaus graikiško jogurto

Patiekite su:

- 50 g basmati ryžių vienai porcijai (sausas svoris)
- 2 papločiai (supjaustyti juostelėmis)
- 20 g kapotų anakardžių

Kryptys

a) Pirmiausia keptuvėje ant vidutinės ugnies įkaitinkite kokosų aliejų ir sudėkite vištienos krūtinėlę bei svogūną. Pagardinkite druska ir pipirais, tada kepkite, kol vištiena nebebus rausva iš išorės.

b) Sumažinkite ugnį ir įpilkite česnako, imbiero, pomidorų pastos, ciberžolės, garam masala ir aitriosios paprikos miltelių, šlakelį vandens ir gerai maišykite 1-2 minutes, kad išsiskirtų prieskonių kvapai.

c) Tada supilkite sumaišytus pomidorus ir vištienos sultinį, užvirinkite keptuvę ir palikite troškintis 10 minučių, retkarčiais pamaišydami.

d) Kai padažas sumažės maždaug perpus, nukelkite nuo ugnies ir įmaišykite graikišką jogurtą. Jei norite, kad jis būtų itin kreminis, drąsiai dėkite daugiau graikiško jogurto arba atvirkščiai.

e) Patiekite su basmati ryžiais, paplotėlio juostelėmis ir kapotais anakardžiais.

14. Vieno puodo kokoso vištienos ir ryžių miltų paruošimas

Ingridientai

Dėl vištienos:

- 5-6 vištienos šlaunelės be odos
- 2 šaukštai jogurto
- 1 arbatinis šaukštelis imbiero
- 1 arbatinis šaukštelis ciberžolės
- ½ arbatinio šaukštelio čili miltelių
- ¼ arbatinio šaukštelio druskos

Dėl puodo:

- 1 valgomasis šaukštas kokosų aliejaus
- 1 svogūnas (smulkiai pjaustytas)
- 2-3 česnako skiltelės (sutarkuotos)
- 1 arbatinis šaukštelis imbiero (tarkuoto)
- ½ arbatinio šaukštelio čili miltelių
- 250 g basmati ryžių (mirkytų ir nusausintų)
- 1 skardinė šviesaus kokosų pieno
- ½ didelio puodelio virinto vandens

Tarnauti:

- Susmulkinti anakardžiai
- Kalendra

Kryptys

a) Į dubenį suberkite vištienos šlauneles, jogurtą, imbierą, ciberžolę, čili miltelius, druską ir gerai išmaišykite, kol vištiena visiškai pasidengs. Atidėkite į šalį ir palikite marinuotis mažiausiai 15 minučių, geriausia per naktį.

b) Didelėje gilioje keptuvėje arba troškinimo inde ant vidutinės ugnies įkaitinkite kokosų aliejų ir sudėkite vištienos šlauneles.

c) Virkite 5 minutes prieš apversdami ir kepkite dar 5-10 minučių, kol vištiena iškeps. Išimkite iš keptuvės ir atidėkite į šalį.

d) Į keptuvę su nedideliu šlakeliu vandens sudėkite svogūną ir pakepinkite 5 minutes. Tada įpilkite česnako, imbiero, čili miltelių ir dar vieną šlakelį vandens. Nuolat maišykite, kol svogūnas pasidengs prieskoniais, ir palikite 2 minutes pakepti.

e) Basmati ryžius įmaišykite į svogūną ir prieskonius, tada įpilkite kokosų pieno ir 1/2 puodelio virinto vandens. Viską gerai išmaišykite, užvirkite ir vėl sudėkite vištienos šlauneles į keptuvę ant ryžių.

f) Uždenkite dangčiu ir palikite virti 15-20 minučių, kol ryžiai išvirs.

g) Prieš patiekdami papuoškite kapotais anakardžiais ir kalendromis.

15. Ant grotelių ištrauktos vištienos Mac N sūris

Tarnauja 4

Ingridientai

Ant grotelių keptai vištienai:

- 4 valgomieji šaukštai padažo be cukraus (BBQ)
- 1 arbatinis šaukštelis paprikos
- 1 arbatinis šaukštelis česnako granulių
- Druska
- Pipirai
- 300 g vištienos krūtinėlės

Mac n sūriui:

- 3 Valgomojo šaukštelio sviesto
- 3 šaukštai paprastų miltų
- 1 česnako skiltelė (susmulkinta)
- 1 valgomasis šaukštas paprikos
- 1 pintos pusiau nugriebto pieno
- 150 g neriebaus čederio (tarkuoto)
- 250 g makaronų makaronų
- Aitriosios paprikos dribsniai pagal skonį

Kryptys

a) Įkaitinkite orkaitę iki 180°C/350°F ir užvirinkite didelį puodą vandens.

b) Tada mažame dubenyje sumaišykite BBQ padažą be cukraus, papriką, česnako granules, druską ir pipirus.

c) Į kiekvieną vištienos krūtinėlę supjaustykite gilius įpjovimus į šonus ir perkelkite į kepimo skardą, išklotą folija. Tada supilkite BBQ padažo mišinį ant vištienos krūtinėlių.

d) Padažu įtrinkite vištienos krūtinėlę, kad jos visiškai apsemtų, tada vištienos krūtinėles uždenkite folija ir kepkite 25 minutes.

e) Iškepusią vištieną nuimkite nuo folijos – BBQ sultis atidėkite į šalį – ir susmulkinkite vištieną dviem šakutėmis.

f) Į keptuvę supilkite BBQ sultis ir susmulkintą vištieną, kepkite ant vidutinės ugnies 3–4 minutes, tada atidėkite. Jei norite, nedvejodami įpilkite dar šiek tiek BBQ padažo be cukraus.

g) Įdėkite makaronų makaronus virti.

h) Tuo tarpu gilioje keptuvėje ištirpinkite sviestą. Sudėkite česnaką ir papriką ir patroškinkite 2 minutes.

i) Gerai išplakdami suberkite miltus ir palaipsniui supilkite pieną.

j) Tada įpilkite neriebaus čederio, maišydami, kol jis ištirps baltajame padaže, o galiausiai sudėkite susmulkintą BBQ vištieną ir virtus makaronų makaronus. Gerai išmaišykite, kad įsitikintumėte, jog viskas susimaišo.

k) Patiekite su čili dribsniais arba juodaisiais pipirais ir mėgaukitės!

16. Žemės riešutų sviesto vištienos karis

Tarnauja 4

Ingridientai

- 1 valgomasis šaukštas 100% kokosų aliejaus
- 400 g vištienos krūtinėlės (kubeliais)
- 1 svogūnas (supjaustytas)
- 2 česnako skiltelės (smulkiai pjaustytos)
- 1 nykščio dydžio imbiero gabalėlis (smulkiai pjaustytas)
- 1 raudona čili (išsmulkinta ir smulkiai pjaustyta)
- 5 šaukštai kario miltelių
- 1 skardinė pjaustytų pomidorų
- 1 sauja šviežios kalendros (smulkintos)
- 400 ml šviesaus kokosų pieno
- 100 g natūralaus žemės riešutų sviesto (traškus)

Tarnauti:

- Basmati ryžiai (apie 75 g vienam asmeniui)
- Susmulkinti žemės riešutai
- Kalendra

Kryptys

a) Pirmiausia didelėje keptuvėje įkaitinkite kokosų aliejų ir sudėkite vištieną. Lengvai pagardinkite ir kepkite, kol iškeps ir išorė taps auksinės rudos spalvos, tada atidėkite.

b) Dabar sudėkite svogūną ir pakepinkite, kol suminkštės. Suberkite susmulkintą česnaką, imbierą ir čili ir pakepinkite dar 1–2 minutes, prieš suberdami kario miltelius ir didelį šlakelį vandens. Užvirkite, gerai išmaišykite ir virkite 5 minutes.

c) Dabar sudėkite pjaustytus pomidorus ir kalendras, gerai išmaišykite ir palikite troškintis dar 10 minučių, retkarčiais pamaišydami.

d) Palaipsniui į padažą įmaišykite šviesų kokosų pieną ir įpilkite traškaus žemės riešutų sviesto. Viską gerai išmaišykite ir palikite troškintis ant silpnos ugnies, kol jūsų karis pasieks norimą konsistenciją.

e) Patiekite su basmati ryžiais ir smulkintų kalendrų bei žemės riešutų pabarstu, tada mėgaukitės!

17. „Fajita" makaronų kepimas

Tarnauja 5

Ingridientai

- 1 valgomasis šaukštas kokosų aliejaus
- 350 g vištienos šlaunelių (kubeliais)
- 1 svogūnas (smulkiai pjaustytas)
- 2 paprikos (smulkiai supjaustytos)
- ½ pakuotės fajita prieskonių
- 350 g rigatoni
- 100 g salsos padažo
- 100 g lengvo kreminio sūrio
- Nedidelė kalendros ryšelis (nuimti stiebai, smulkiai supjaustyti)
- 50 g šviesaus čederio
- 30 g šviesios mocarelos

Kryptys

a) Pirmiausia įkaitinkite orkaitę iki 180°C/360°C.

b) Didelėje keptuvėje įkaitinkite kokosų aliejų ir sudėkite vištienos šlauneles. Gerai pagardinkite druska, pipirais ir kepkite 6-7 minutes, vieną ar du kartus apversdami, kol pradės ruduoti išorė. Išimkite iš keptuvės ir atidėkite į šalį.

c) Uždėkite makaronus, kad po dešimties minučių būtų galima įdėti į keptuvę.

d) Dabar į keptuvę sudėkite svogūną ir paprikas ir reguliariai maišydami kepkite, kol suminkštės. Vėl suberkite fajita prieskonius ir iškeptą vištieną, gerai išmaišykite ir kepkite 5 minutes.

e) Tada sudėkite išvirtus makaronus (prieš tai būtinai nusausinkite), salsą, grietinėlės sūrį ir gerai išmaišykite, kad viskas tolygiai susimaišytų.

f) Galiausiai suberkite smulkintą kalendrą ir gerai išmaišykite prieš perkeldami į didelę kepimo formą.

g) Pabarstykite sūriu ir kepkite 10-15 minučių, kol jis pradės traškėti.

h) Papuoškite susmulkintais svogūnais ir kalendromis, tada suberkite!

18. Kreminė citrinų ir čiobrelių vištiena

Tarnauja 6

Ingridientai

- 2 arbatiniai šaukšteliai šviežių čiobrelių
- 2 arbatiniai šaukšteliai mišrių žolelių
- Druska ir pipirai pagal skonį
- 6 vištienos šlaunelės be kaulų, be odos
- 1 valgomasis šaukštas aliejaus
- 1 svogūnas (supjaustytas)
- 2 česnako skiltelės (smulkintos)
- 1 citrinos sultys
- 100 ml vištienos sultinio
- 200 ml crème fraiche
- Citrinos griežinėliai
- Švieži čiobreliai

Pateikimo pasiūlymai:

- Kvinoja (apie 50 g vienoje porcijoje)
- Švelnus stiebas brokolis

Kryptys

a) Pirmiausia paruoškite prieskonius mažame dubenyje sumaišydami šviežius čiobrelius, sumaišytas žoleles, druską ir pipirus. Gausiai apibarstykite vištienos šlauneles ir įsitikinkite, kad jos tolygiai padengtos, o likusius prieskonius laikykite šone, kad galėtumėte naudoti vėliau.

b) Tada supilkite aliejų į didelę keptuvę ant vidutinės ugnies. Kai įkaista, sudėkite vištienos šlauneles ir kepkite keletą minučių iš kiekvienos pusės. Jie turi būti traškūs ir apskrudę iš išorės, o vidus visiškai iškepęs (be rausvų gabalėlių). Išimkite vištieną iš keptuvės ir atidėkite į šalį.

c) Į tą pačią keptuvę, kurioje kepėte vištieną, suberkite svogūną ir česnaką ir kepkite kelias minutes, kol suminkštės. Tada supilkite citrinos sultis, vištienos sultinį ir bet kurį likusį prieskonių mišinį, gerai išmaišykite, kad susimaišytų, ir leiskite kelias minutes burbuliuoti.

d) Įpilkite crème fraiche, išmaišykite ir virkite dar 2-3 minutes, kad sutirštėtų. Tada sudėkite vištienos šlauneles atgal į keptuvę ir leiskite keletą minučių įkaisti.

e) Nukelkite nuo ugnies ir papuoškite šviežios citrinos griežinėliais ir pabarstykite čiobreliais. Patiekite su quinoa ir mėgaukitės iškart arba porcijomis ruošdami savaitės patiekalą. Skanus.

19. Vištiena ir Chorizo Paella

Tarnauja 5

Ingridientai

- 100 g chorizo
- 500 g vištienos šlaunelių be odos
- Druska ir pipirai pagal skonį
- 1 svogūnas (supjaustytas)
- 1 arbatinis šaukštelis ciberžolės
- 1 arbatinis šaukštelis paprikos
- 2 česnako skiltelės (maltos)
- 1 raudona paprika (supjaustyta)
- 225 g paeljos ryžių
- 400 ml vištienos sultinio
- 4 pomidorai (smulkinti)
- 100 g žirnių

Papuošimui:

- Citrinos ir laimo skiltelės
- Šviežios petražolės

Kryptys

a) Pirmiausia sudėkite chorizo gabalėlius į didelę neprideginčią keptuvę ir kepkite kelias minutes, kol šonai pradės ruduoti ir išsiskirs aliejus. Tada išimkite ir atidėkite vėliau.

b) Į keptuvę sudėkite vištienos šlauneles ir kepkite natūraliame chorizo aliejuje. Pagardinkite druska ir pipirais ir kepkite, kol iš abiejų pusių apskrus ir neliks rausvos spalvos. Išimkite iš keptuvės ir taip pat atidėkite.

c) Tada suberkite susmulkintą svogūną ir pakepinkite kelias minutes, kol suminkštės. Tada suberkite ciberžolę, papriką, česnaką ir raudonąją papriką, gerai išmaišykite, kad viskas pasidengtų prieskoniais.

d) Po poros minučių suberkite paeljos ryžius ir išmaišykite. Tada supilkite vištienos sultinį ir pjaustytus pomidorus ir viską išmaišykite iki vientisos masės.

e) Sudėkite chorizo gabalėlius atgal į keptuvę ir išmaišykite, tada sudėkite vištienos šlauneles. Uždenkite keptuvę dangčiu ir troškinkite 15 minučių, kad ryžiai išvirtų ir susigertų skystis.

f) Galiausiai suberkite žirnelius, išmaišykite ir palikite kelias minutes sušilti prieš nukeldami nuo ugnies. Patiekite su daugybe laimo ir citrinos skiltelių bei šviežių petražolių garnyru.

20. Lengvas baltyminių patiekalų paruošimas

Tarnauja 1

Ingridientai

- 2 šaukštai sojos padažo
- 1 valgomasis šaukštas medaus
- 1 arbatinis šaukštelis juodųjų pipirų
- 1 valgomasis šaukštas česnako (maltas)
- 1 vištienos krūtinėlė
- 75 g quinoa
- 200 ml vandens
- 1 kiaušinis
- 50 g brokolių
- 50 g mangetout
- ½ raudonosios paprikos (supjaustytos)
- 4 vyšniniai pomidorai (perpjauti per pusę)
- Svogūnai (supjaustyti)

Kryptys

a) Pirmiausia sumaišykite sojos padažą, medų, juoduosius pipirus ir česnaką, kad gautumėte marinatą. 3/4 marinato užpilkite vištienos krūtinėlę, uždenkite ir palikite marinuotis šaldytuve 30 minučių (arba galite tai padaryti išvakarėse). Likusį marinatą atidėkite, kad galėtumėte vėliau patiekti.

b) Tada į keptuvę supilkite quinoa ir 200 ml vandens, uždenkite dangčiu ir užvirkite. Kai užvirs, ant keptuvės įpilkite sietelį ir įmuškite kiaušinį centre virš quinoa. Vėl uždenkite ir palikite garuose 10 minučių.

c) Tuo tarpu atskiroje keptuvėje įkaitinkite šiek tiek aliejaus arba nekaloringo kepimo purškalo ir sudėkite marinuotą vištienos krūtinėlę. Kepkite maždaug 5–7 minutes iš kiekvienos pusės, kol paruduos ir visiškai iškeps, o viduje neliks rausvų gabalėlių.

d) Įdėkite brokolius ir mangetout į sietelį virš quinoa, tada uždenkite ir troškinkite dar 5 minutes. Tada atsargiai nuimkite sietelį ir šakute išmaišykite quinoa, kad susimaišytų.

e) Sukurkite savo baltymų dubenį. Padarykite quinoa pagrindą, tada sudėkite virtus brokolius ir mangetout, kartu su raudonųjų pipirų griežinėliais ir vyšniniais pomidorais. Įdėkite griežinėliais pjaustytą vištienos krūtinėlę ir virtą kiaušinį (pirmiausia nuimkite lukštą!), tada supilkite likusį marinatą, kurį palikote nuošalyje, ir papuoškite smulkintu svogūnu.

21. Keptas tuno kepsnys ir saldžiųjų bulvių skiltelės

Padaro 4

Ingridientai

Tuno kepsniams:

- 4 x 150 g tuno kepsniai
- 1 arbatinis šaukštelis rupios jūros druskos
- 1 valgomasis šaukštas 100% kokosų aliejaus (lydytas)
- 2 valgomieji šaukštai rožinių pipirų
- Dėl saldžiųjų bulvių:
- 4 didelės saldžiosios bulvės
- 1 valgomasis šaukštas paprastų miltų
- 1/2 arbatinio šaukštelio druskos
- 1/2 arbatinio šaukštelio pipirų
- 1/2 šaukštelio 100% kokosų aliejaus (lydytas)

Kryptys

a) Pirmiausia įkaitinkite orkaitę iki 200°C.

b) Tada paruoškite saldžiąsias bulves. Nuvalykite kiekvieną bulvę ir subadykite šakute. Padėkite ant mikrobangų krosnelėje tinkamos lėkštės ir 4-5 minutes palaikykite mikrobangų krosnelėje, tada išimkite iš mikrobangų krosnelės ir leiskite atvėsti minutę ar dvi.

c) Kai saldžiosios bulvės pakankamai atvės, kad ją liestumėte, supjaustykite griežinėliais. Pabarstykite skilteles miltais, druska, pipirais ir ištirpintu kokosų aliejumi ir šiek tiek pakratykite, kad pasidengtų (taip jie taps itin traškūs). Sudėkite juos ant kepimo skardos ir kepkite 200°C 15-20 minučių.

d) Kai saldžiųjų bulvių bulvytės bus beveik paruoštos, laikas virti tuno kepsnius. Kiekvieną kepsnį iš abiejų pusių aptepkite ištirpintu kokosų aliejumi, tada pabarstykite druska ir dėkite į didelę keptuvę arba kepsninę, kuri jau minutę buvo pašildyta ant ugnies.

e) Apkepkite tuno kepsnius iš abiejų pusių po 1–2 minutes, jei mėgstate apkeptą tuną, arba 3–4 minutes iš kiekvienos pusės, jei norite, kad jis būtų iškepęs.

f) Paruoškite maisto ruošimo dėžutes su salotų arba špinatų lapais, tada padalinkite saldžiųjų bulvių skilteles ir galiausiai įdėkite tuno kepsnį. Kepsnį apibarstykite grūstais rožiniais pipirais ir patiekite su citrinos skiltele.

g) Laikyti sandariuose induose šaldytuve iki 3 dienų. Kai būsite pasiruošę valgyti, nuimkite dangtelį ir laisvai uždėkite ant viršaus, palikdami nedidelį tarpą. Mikrobangų krosnelės aukšta temperatūra 3 ½ minutės arba kol įkaista. Prieš valgydami leiskite pastovėti 1 minutę.

22. Greita aštri Cajun lašiša ir česnakinės daržovės

Ingridientai

- 3 skiltelės česnako (smulkiai supjaustytos)
- 1 citrina (supjaustyta labai plonais žiedeliais)
- 3 laukinės lašišos filė
- 1,5 šaukšto cajun prieskonių
- 1 valgomasis šaukštas alyvuogių aliejaus
- 1 arbatinis šaukštelis rupios jūros druskos ir juodųjų pipirų
- 180 g (sauso svorio) kuskuso
- 10-12 stiebų švelnių brokolių stiebų
- 2 cukinijos

Kryptys

a) Įkaitinkite orkaitę iki 160°C. Nupjaukite sausus minkštų brokolių stiebų galus (apie 1 cm) ir spirale supjaustykite cukiniją.

b) Išdėliokite brokolius į gilią kepimo skardą, tada sudėkite cukiniją, česnaką ir citriną bei pagardinkite jūros druska ir juodaisiais pipirais. Apšlakstykite trupučiu alyvuogių aliejaus.

c) Lašišos filė iš visų pusių įtrinkite likusiu alyvuogių aliejumi ir cajun prieskoniais, tada dėkite ant daržovių, odele į viršų.

Kepkite 25 minutes, tada padidinkite temperatūrą iki 180°C ir kepkite dar 5 minutes, kol odelė pradės traškėti.

d) Kuskusą išvirkite pagal nurodymus ant pakuotės, tada padalinkite į 3 Tupperware talpyklas. Padalinkite lašišą, daržoves ir keletą citrinos griežinėlių į konteinerius ir leiskite atvėsti. Uždenkite ir laikykite šaldytuve iki 3 dienų.

e) Kai būsite pasiruošę valgyti, įjunkite mikrobangų krosnelę visu galingumu 3 minutes arba tol, kol įkaista.

23. Tuno makaronų salotos

Tarnauja 3

Ingridientai

- 200 g virtų makaronų
- 2 skardinės tuno
- 1 skardinė cukrinių kukurūzų (100g)
- 2 morkos (susmulkintos)
- 1 geltona paprika (supjaustyta)

Dėl padažo:

- 4 šaukštai alyvuogių aliejaus
- 1 citrina (sultys ir žievelė)
- $\frac{1}{2}$ arbatinio šaukštelio česnako miltelių
- Druska ir pipirai pagal skonį

Kryptys

a) Pirmiausia paruoškite padažą į nedidelį dubenį įpildami aliejaus, citrinos sulčių ir žievelės, česnako miltelių, druskos ir pipirų ir gerai išmaišykite.

b) Tada į didelį dubenį sudėkite išvirtus makaronus, tada suberkite susmulkintas morkas, kukurūzus, kubeliais pjaustytą pipirą ir nusausintą tuną. Užpilkite padažu ant viršaus ir dideliu šaukštu viską atsargiai išmaišykite, kad viskas tolygiai pasiskirstytų.

c) Suskirstykite į 3 patiekalų ruošimo indus ir keletą dienų laikykite šaldytuve. Pietūs surūšiuoti.

24. Salmon Poke Bowl

Tarnauja 4

Ingridientai

- 3 šaukštai lengvo majonezo
- 1 valgomasis šaukštas sriracha
- 2 šaukštai sojos padažo
- 2 šaukštai mirino (arba bet kokio kito ryžių vyno acto)
- 1 valgomasis šaukštas skrudintų sezamų aliejaus
- 1 valgomasis šaukštas medaus
- 300 g sashimi rūšies lašišos
- 1 morka
- 1 agurkas
- 2-3 laiškiniai svogūnai
- 1 avokadas (supjaustytas)
- 1 puodelis paruoštų valgyti edamame pupelių
- 250 g lipnių baltųjų suši ryžių
- 1-2 askaloniniai česnakai (smulkiai supjaustyti)
- 1 valgomasis šaukštas kokosų aliejaus

- Papuošimui: sezamo sėklos

Kryptys

a) Pirmiausia sumaišykite lengvą majonezą, sriracha, sojos padažą, miriną, sezamo aliejų ir medų, kad gautumėte vientisą marinatą.

b) Pasilikite ½ marinato, kad vėliau galėtumėte naudoti kaip užpilą, tada į likusį marinatą įpilkite sašimio lašišos. Lašišą sumaišykite su marinatu, atsargiai, kad nepažeistumėte, tada palikite marinuotis bent valandą.

c) Kruopščiai nuplaukite suši ryžius, kol vanduo taps skaidrus. Tada išvirkite suši ryžius pagal pakuotės nurodymus (paprastai virkite apie 10 minučių, o po to 10 minučių virkite garuose) ir prieš patiekdami palikite atvėsti.

d) Agurką supjaustykite ketvirčiais, svogūnus išilgai supjaustykite, o morkas su žievelėmis supjaustykite skustuvu.

e) Dabar nelipnioje keptuvėje įkaitinkite kokosų aliejų ir suberkite griežinėliais pjaustytus askaloninius česnakus. Švelniai pakepinkite askaloninius česnakus ant mažos ugnies maždaug 7 minutes, kol jie taps rudi ir traškūs. Tada išimkite iš formos ir perkelkite ant popierinio virtuvinio rankšluosčio.

f) Kai viskas bus paruošta, susikurkite dubenį, pirmiausia sluoksniuodami ryžius, tada visus priedus. Papuoškite sezamo sėklomis ir mėgaukitės iš karto arba laikykite sandariuose induose šaldytuve iki 3 dienų, kaip ruošdami maistą.

25. Daug baltymų turintis Kedgeree

Gamina: 3 valg

Ingridientai

- 3 rūkytos juodadėmės menkės filė
- 1 arbatinis šaukštelis kokosų aliejaus
- 1 baltas svogūnas (smulkiai pjaustytas)
- 1 arbatinis šaukštelis ciberžolės
- 1 arbatinis šaukštelis maltos kalendros
- 1 arbatinis šaukštelis vidutinio kario miltelių
- 3 kietai virti kiaušiniai (nulupti ir supjaustyti ketvirčiais)
- 500 g virtų viso grūdo ryžių arba Zero Rice (160 g sauso svorio)
- Sauja šviežios kalendros

Kryptys

a) Rūkytą juodadėmę menką sudėkite į didelę keptuvę ant vidutinės ugnies. Uždenkite coliu vandens. Užvirinkite, tada sumažinkite ugnį ir troškinkite 5 minutes. Kai iškeps, nukelkite nuo ugnies ir supjaustykite gabalėliais. Atidėti.

b) Iš keptuvės išpilkite vandenį ir įpilkite kokosų aliejaus. Sudėkite susmulkintą svogūną ir troškinkite ant vidutinės arba mažos ugnies 5 minutes, kol taps auksinės spalvos.

c) Įpilkite ciberžolės, maltos kalendros ir kario miltelių ir virkite dar 30 sekundžių, retkarčiais pamaišydami.

d) Suberkite virtus ryžius ir juodadėmę menką ir išmaišykite. Įkaitinkite, tada sudėkite virtus kiaušinius ir vėl išmaišykite. Perkelkite į patiekalų ruošimo indus ir patiekite su pasirinktomis daržovėmis.

26. Pagardinta ėriena su Feta Bulgur

Tarnauja 2

Ingridientai

- 1 valgomasis šaukštas aliejaus
- 1 raudonasis svogūnas (supjaustytas)
- 1 valgomasis šaukštas ras el hanout
- 3 šaukštai pomidorų tyrės
- 250 g avienos faršo
- Druska ir pipirai pagal skonį
- 125 ml verdančio vandens
- 130 g bulgur kviečių
- 100 g fetos (kubeliais)
- ½ agurko (supjaustyto gabalėliais)
- Šviežių mėtų lapelių papuošimui

Kryptys

a) Pirmiausia didelėje keptuvėje įkaitinkite aliejų ir keletą minučių pakepinkite svogūną, kol suminkštės. Sudėkite ras el hanout ir pomidorų tyrę ir maišykite, kol viskas tolygiai pasidengs.

b) Dabar sudėkite ėrienos faršą ir supjaustykite gabalėliais, maišykite, kad susimaišytų su viskuo. Pagardinkite druska ir pipirais pagal skonį ir leiskite virti 5-10 minučių arba tol, kol nebebus rausvos spalvos.

c) Įpilkite verdančio vandens ir palikite troškintis dar 10 minučių, kad sumažėtų skysčio ir padažas sutirštėtų.

d) Tuo tarpu į puodą su verdančiu vandeniu supilkite bulguro kviečius ir virkite pagal pakuotės nurodymus.

e) Išvirus, šakute supurtykite ir suberkite fetos ir agurko kubelius, išmaišydami per bulgurą.

f) Ant lėkštės pastatykite fetos bulguro lovą ir ant viršaus uždėkite kelis šaukštus avienos mišinio.

g) Papuoškite keliais šviežių mėtų lapeliais ir patiekite!

27. Liekni, kreminiai makaronai su dešra

Porcijos 4 porcijos

Ingridientai

- 1 arbatinis šaukštelis 100% kokosų aliejaus
- 1 poras (smulkiai pjaustytas)
- 2 skiltelės česnako skiltelės (smulkintos)
- 8 sumažinto riebumo dešrelės (pjaustytos)
- 200 g varškės
- 1 skardinė pjaustytų pomidorų
- 240 g pilno grūdo penne makaronų
- 1 arbatinis šaukštelis džiovintų čili dribsnių
- 1 žiupsnelis druskos ir pipirų pagal skonį
- 1 sauja šviežio baziliko lapelių

Kryptys

a) Įdėkite kokosų aliejų į didelę, nepridegančią keptuvę ant vidutinės arba stiprios ugnies. Į keptuvę suberkite griežinėliais pjaustytą porą ir kepkite 3–4 minutes, retkarčiais pamaišydami.

b) Suberkite česnaką ir kepkite keptuvėje dar 2 minutes, tada sudėkite griežinėliais pjaustytas dešreles ir kepkite 6–10 minučių retkarčiais pamaišydami, kol jos iš visų pusių apskrus. Suberkite čili dribsnius ir pagal skonį pagardinkite druska ir pipirais.

c) Kitas, pomidorų skardą ir maišykite, kad susimaišytų. Leiskite burbuliuoti keletą minučių, tada supilkite varškę ir gerai išmaišykite, kad gautumėte sodrų kreminį padažą.

d) Į keptuvę sudėkite išvirtus makaronus ir sumaišykite su padažu, kad viskas susimaišytų.

e) Po kelių minučių makaronus nukelkite nuo ugnies ir sudėkite į indelius, papuoškite šviežiais baziliko lapeliais.

28. Saldžiosios bulvės ir Chorizo Hash

Porcijos: 4

Ingridientai

- 500 g saldžiųjų bulvių
- 1 valgomasis šaukštas kokosų aliejaus
- ½ raudonojo svogūno (smulkiai pjaustyto)
- 200 g konservuotų avinžirnių (nusausintų)
- 150 g chorizo arba pancetta (supjaustyti 1 cm kubeliais)
- ½ arbatinio šaukštelio jūros druskos
- ½ arbatinio šaukštelio juodųjų pipirų
- 4 vidutiniai laisvai laikomi kiaušiniai
- Sauja marinuotų ir griežinėliais pjaustytų jalapeño

Kryptys

a) Saldžiąsias bulves nulupkite ir supjaustykite 2 cm kubeliais. Sudėkite kubelius į keptuvę ir užpilkite vandeniu, tada užvirinkite. Kai užvirs, nukoškite ir leiskite garams nubėgti 2–3 minutes.

b) Laukdami supilkite kokosų aliejų į keptuvę ant vidutinės arba stiprios ugnies. Kai ištirps, suberkite pjaustytus svogūnus ir chorizo/pancetta ir kepkite 3-4 minutes, retkarčiais pamaišydami.

c) Tada sumažinkite ugnį iki vidutinės ir suberkite saldžiąsias bulves, avinžirnius, jalapenus, jūros druską ir juoduosius pipirus. Juos šiek tiek susmulkinkite ir nejudindami kepkite 8-10 minučių, kol apačia taps traški.

d) Kai suminkštės, padarykite 4 mažas duobutes maišelyje ir įmuškite kiaušinius. Uždenkite keptuvę dangčiu ir virkite 2-3 minutes, kol kiaušiniai iškeps, bet trynys vis dar bus skystas (galite kepti ilgiau, jei norite, kad tryniai būtų gerai iškepę).

e) Uždėkite keletą papildomų jalapenų ir patiekite.

29. Teriyaki jautienos zoodles

Gamina: 4 valg

Ingridientai

Padažui:

- 75 ml sojos padažo
- 120 ml vandens
- 1,5 valgomojo šaukšto kukurūzų krakmolo
- 4-5 šaukštai ekologiško klevų sirupo
- Nebūtina: 1 skiltelė česnako (smulkinta)
- ½ nykščio imbiero (tarkuoto)

Poilsiui:

- 1 arbatinis šaukštelis kokosų aliejaus
- 3 kepsneliai ant krūtinės (supjaustyti griežinėliais)
- 4 cukinijos (spiralizuotos)
- 2 geltonos paprikos (smulkintos)
- 75 g edamame pupelių
- Pabarstykite sezamo sėklomis

Kryptys

a) Puode išplakite soją, vandenį ir kukurūzų krakmolą/guaro dervą ir švelniai kaitinkite 5-6 minutes, kol padažas sutirštės. Šiuo metu pridėkite česnaką ir imbierą, jei jį naudojate. Kai sutirštės, supilkite klevų sirupą ir nukelkite nuo ugnies. Atidėti.

b) Įkaitinkite didelę wok keptuvę (arba keptuvę) ant aukštos temperatūros 1–2 minutes. Kai jis tikrai įkaista, supilkite kokosų aliejų ir kepsnio griežinėlius ir patroškinkite 1–2 minutes, retkarčiais apversdami.

c) Suberkite spiralinę cukiniją ir smulkintus pipirus ir maišydami pakepinkite dar 2–3 minutes.

d) Galiausiai sumaišykite su teriyaki padažu ir edamame pupelėmis, tada perkelkite į Tupperware dėžutes ir leiskite atvėsti.

e) Kiekvieną pabarstykite po kelias sezamo sėklas ir atšaldykite. Lengva!

30. Keptas fetos kuskusas

Tarnauja 4

Ingridientai

- 200 g fetos
- 400 g vyšninių pomidorų
- 1 arbatinis šaukštelis mišrių žolelių
- 1 valgomasis šaukštas alyvuogių aliejaus
- 200 g kuskuso
- 500 ml daržovių sultinio
- Papuošimui šviežios paprikos
- Petražolių papuošimui

Kryptys

a) Įkaitinkite orkaitę iki 200°C.

b) Sudėkite fetą ir vyšninius pomidorus į orkaitei atsparų kepimo indą. Pabarstykite sumaišytomis žolelėmis ir apšlakstykite alyvuogių aliejumi, tada kepkite orkaitėje 25-30 minučių.

c) Tuo tarpu į didelį dubenį supilkite kuskusą ir užpilkite verdančiu daržovių sultiniu. Gerai išmaišykite, uždenkite dangčiu ar lėkšte, tada palikite virti apie 10 minučių arba tol, kol skystis susigers ir kuskusas taps šviesus ir purus.

d) Dabar šakute arba trintuvu lengvai sutrinkite iškeptą fetą ir vyšninius pomidorus, kol viskas susimaišys į tirštą padažą. Sudėkite kuskusą ir išmaišykite, kad susimaišytų.

e) Papuoškite smulkintais šviežiais čili pipirais, juodaisiais pipirais ir petražolių lapeliais. Mėgaukitės iš karto arba laikykite iki 3 dienų.

31. Vieno puodo lęšių Dahlas

Padaro 4

Ingridientai

- 2 valgomieji šaukštai 100% kokosų aliejaus
- 1 svogūnas (supjaustytas)
- 1 colio imbieras
- 3 česnako skiltelės (susmulkintos)
- 1,5 valgomojo šaukšto ciberžolės
- 1,5 valgomojo šaukšto kmynų
- 1,5 valgomojo šaukšto vidutinio kario miltelių
- 300 g raudonųjų lęšių (plauti)
- 1 Skardine pjaustytų pomidorų
- 1,2 litro daržovių sultinio
- 1 kalendra
- 200 g paprastų miltų
- 1/4 Valgomojo šaukštelio druskos
- 2 arbatinius šaukštelius kepimo miltelių
- 250 g natūralaus jogurto be pieno

Kryptys

a) Pirmiausia į didelę keptuvę ant vidutinės ugnies įpilkite kokosų aliejaus. Kai ištirps, suberkite svogūną, imbierą ir česnaką ir kepkite 3–4 minutes, retkarčiais pamaišydami.

b) Laukdami paruoškite sultinį atskirame dubenyje arba ąsotyje – sultinio kubelį ištirpinkite 1200 ml verdančio vandens. Atidėti.

c) Tada į keptuvę suberkite ciberžolę, kmynus ir kario miltelius ir maišydami pakepinkite dar minutę.

d) Sudėkite lęšius ir išmaišykite, kad įsitikintumėte, jog jie visiškai susimaišė su jau keptuvėje esančiais ingredientais. Tada sudėkite pomidorus ir išmaišykite.

e) Dabar atsargiai supilkite sultinį, lėtai maišydami, kad įsitikintumėte, jog viskas visiškai susimaišė. Sumažinkite ugnį, uždenkite keptuvę dangčiu ir palikite troškintis 30 minučių.

f) Laukdami pradėkite ruošti naanus. Į dubenį suberkite miltus, druską, kepimo miltelius ir jogurtą ir gerai išmaišykite, kol gausis tiršta tešla.

g) Pabarstykite šiek tiek miltų ant darbo paviršiaus, o tada rankomis visiškai minkykite ir sujunkite tešlą į rutulį. Aštriu peiliu supjaustykite rutulį į lygias dalis – mini naanams pasirinkome 8 dalis, bet ketvirčiais būtų 4 dideli.

h) Kiekvieną tešlos dalį rankomis suformuokite į plokščią disko formą ir po vieną sudėkite į keptuvę ant vidutinės ugnies. Kepkite po kelias minutes, kol pradės kilti ir ruduoti.

i) Kai jūsų viename puode lęšių dahlas išvirs, gerai išmaišykite ir sudėkite ryžius į patiekalų ruošimo indus. Į kiekvieną įdėkite mini naan ir papuoškite kalendra.

32. Saldžiosios paprikos veganiškas dubenėlis ir šokoladiniai baltymų rutuliukai

Ingridientai

Ingridientai

- 2 400 g kieto tofu
- 400 g avinžirnių
- 1 valgomasis šaukštas kokosų aliejaus
- 1 valgomasis šaukštas paprikos
- 200 g šparagų
- 1 žiupsnelis jūros druskos ir pipirų
- 1 didelė saldžioji bulvė
- 1 valgomasis šaukštas miltų
- 1 valgomasis šaukštas ekologiškų maka miltelių

Avokadų kremui:

- 2 nedideli prinokę avokadai
- 2 valgomieji šaukštai obuolių sidro acto
- 2 valgomieji šaukštai aukščiausios kokybės pirmojo spaudimo alyvuogių aliejaus
- 1-2 šaukštai šalto vandens

- Žiupsnelis jūros druskos ir pipirų

Baltymų rutuliukams:

- 2 kaušeliai veganiško mišinio (šokolado skonis)
- 2 kaušeliai greitai paruošiamų avižų
- 75 g anakardžių sviesto
- 2 šaukštai sirupo be cukraus / medaus / agavos
- 1-2 šaukštai migdolų/kokosų/sojų pieno
- 1 valgomasis šaukštas chia sėklų kočiojimui

Kryptys

a) Įkaitinkite orkaitę iki 200°C arba 180°C, jei norite su ventiliatoriumi.

b) Saldžiąsias bulves nulupkite ir supjaustykite plonomis bulvytėmis, tada virkite 10 minučių. Gerai nusausinkite ir palikite kelioms minutėms, kad išsiskirtų drėgmė, tada pabarstykite šiek tiek miltų ir 1 valgomąjį šaukštą maka miltelių. Kepkite 20-25 minutes viršutinėje orkaitės lentynoje.

c) Laukdami įkaitinkite didelę keptuvę ant vidutinės arba stiprios ugnies ir supilkite kokosų aliejų, avinžirnius ir šparagus. Kepkite 7-8 minutes ir tada sudėkite tofu. Kepkite dar 3 minutes, retkarčiais pamaišydami, įberkite paprikos, druskos, pipirų ir kepkite dar 2 minutes.

Avokadų kremui:

d) Sudėkite visus ingredientus į trintuvą ir sutrinkite iki vientisos ir kreminės masės. Įdėkite į nedidelę Tupperware dėžutę, kad pridėtumėte prie patiekalo, kai vėl pašildysite.

Baltymų rutuliukams:

e) Maišymo dubenyje sumaišykite veganų mišinį ir greitai paruošiamas avižas. Supilkite riešutų sviestą ir sirupą, išmaišykite ir palaipsniui pilkite pieną, kol iš mišinio galėsite susukti rutuliukus. Apvoliokite rutuliukus chia sėklose ir supilkite į plastikinius kubilus, kad galėtumėte sveikai užkąsti!

33. Galutinis 15 minučių veganiškas fajitas

Patiekiama: 2

Ingridientai

- 1 valgomasis šaukštas kokosų aliejaus
- 2 paprikos (supjaustytos)
- 1 baltas svogūnas (supjaustytas)
- 4 Portobello grybai (supjaustyti)
- Fajita prieskoniai: ½ arbatinio šaukštelio paprikos, 1 arbatinio šaukštelio aitriosios paprikos miltelių, ½ arbatinio šaukštelio česnako miltelių, ½ arbatinio šaukštelio kmynų
- 1 valgomasis šaukštas sojų padažo
- Geros saujos marinuotų ir griežinėliais pjaustytų jalapeño pipirų
- 6 mažos pilno grūdo tortilijos

Neprivalomi priedai:

- Gvakamolė
- Pomidorų salsa

Kryptys

a) Įkaitinkite didelę keptuvę ant vidutinės arba stiprios ugnies. Įlašinkite kokosų aliejaus, tada, kai jis ištirps, sudėkite griežinėliais pjaustytus svogūnus ir paprikas. Kepkite 8-10 minučių, kol daržovės pradės minkštėti, tada sumaišykite su prieskoniais ir kepkite dar 2 minutes, retkarčiais pamaišydami.

b) Į mišinį įpilkite Portobello grybų ir sojų padažo ir kepkite, kol paruduos – tai turėtų užtrukti apie 4-6 minutes.

c) Kai tortilijas paruduos, pašildykite orkaitėje 5-10 minučių arba mikrobangų krosnelėje visu galingumu 30 sekundžių. Užpildykite tortilijas savo Portobello fajita mišiniu, o ant viršaus uždėkite jalapeño pipirų, gvakamolės ir salsos. Tobulumas.

34. Traškūs tofu ir teriyaki makaronai

Tarnauja 4

Ingridientai

Teriyaki padažui:

- 70 ml sojos padažo
- 2 šaukštai rudojo cukraus
- 1 arbatinis šaukštelis imbiero (smulkiai pjaustytas)
- 1 arbatinis šaukštelis česnako (smulkiai pjaustytas)
- 1 arbatinis šaukštelis sezamo sėklų aliejaus
- 1 valgomasis šaukštas medaus
- 3 valgomieji šaukštai mirino
- 2 arbatiniai šaukšteliai kukurūzų miltų (sumaišyti su šlakeliu šalto vandens)

Traškiam tofu:

- 1 blokas tofu
- 3 šaukštai sojos padažo
- 50 g kukurūzų miltų
- 1 valgomasis šaukštas kokosų aliejaus

Kepimui maišant:

- 1 valgomasis šaukštas kokosų aliejaus
- 1 morka (supjaustyta degtukų lazdelėmis)
- 1 brokolis (nuo stiebo nupjauti žiedynai)
- 4 lizdeliai kiaušininių makaronų
- Papuošimui: svogūnai (smulkinti)

Kryptys

a) Pirmiausia pasigaminkite teriyaki padažą, mažame dubenyje sumaišydami sojos padažą, rudąji cukrų, česnaką, imbierą, sezamo sėklų aliejų, medų, miriną (arba ryžių vyno actą) ir kukurūzų miltų mišinį. Gerai išmaišykite, kad visi ingredientai tolygiai susimaišytų.

b) Tada į du atskirus dubenėlius įpilkite 3 šaukštus sojų padažo ir 50 g kukurūzų miltų. Supjaustykite tofu kubeliais, tada kiekvieną gabalėlį pamerkite į sojos padažą, tada į kukurūzų miltus ir prieš padėdami į šalį įsitikinkite, kad kiekvienas gabaliukas yra padengtas.

c) Nelipnioje keptuvėje arba wok keptuvėje įkaitinkite kokosų aliejų, tada į keptuvę sudėkite padengtą tofu, kad keptumėte maišydami ir apversdami kas 1–2 minutes, kol taps traškūs ir auksinės rudos spalvos. Išimkite ir atidėkite į šalį.

d) Užvirkite didelį puodą vandens ir išvirkite kiaušinių makaronus pagal pakuotės nurodymus.

e) Tada įkaitinkite likusį kokosų aliejų keptuvėje ir sudėkite morkas bei brokolius. Maišydami kepkite 5 minutes, kol šiek tiek suminkštės, tada išimkite iš keptuvės.

f) Į keptuvę įpilkite teriyaki padažo, virkite ant mažos ugnies, kol padažas pradės burbuliuoti ir tirštėti. Kai būsite patenkinti padažo konsistencija, į keptuvę sudėkite nusausintus kiaušininius makaronus. Supilkite makaronus, kad jie pasidengtų teriyaki padažu, tada suberkite morkas ir brokolius ir sumaišykite.

g) Padalinkite teriyaki makaronus į 4 patiekalų ruošimo dėžutes, ant viršaus patiekite traškų tofu ir papuoškite svogūnais. Surūšiuota.

35. Veganiškas Bolonijos lęšis

Tarnauja 4

Ingridientai

- 1 valgomasis šaukštas alyvuogių aliejaus
- 1 svogūnas (supjaustytas)
- 2 morkos (supjaustytos)
- 2 salierų stiebai (supjaustyti kubeliais)
- 3 česnako skiltelės (smulkintos)
- Prieskoniai: druska ir pipirai
- 2 šaukštai pomidorų tyrės
- 120 g raudonųjų lęšių (sauso svorio)
- 1 skardinė pjaustytų pomidorų
- 300 ml vandens
- 1 daržovių sultinio kubelis
- Patiekite su: penne makaronais ir šviežiu baziliku

Kryptys

a) Didelėje keptuvėje įkaitinkite alyvuogių aliejų ir suberkite svogūną. Pakepinkite keletą minučių, kad suminkštėtų, tada suberkite morkas ir išmaišykite.

b) Suberkite kubeliais pjaustytą salierą ir viską pakepkite 5 minutes, prieš suberdami smulkintą česnaką ir kubeliais pjaustytus grybus. Išmaišykite, kad visi ingredientai susimaišytų keptuvėje, gausiai pagardinkite ir kepkite dar 2-3 minutes, kol grybai paruduos.

c) Tada įmaišykite pomidorų tyrę, tada raudonuosius lęšius ir pjaustytus pomidorus.

d) Į keptuvę atsargiai įpilkite vandens, viską uždengdami, tada įmaišykite daržovių sultinio kubelį. Palikite troškintis ant silpnos ugnies 20 minučių, kol lęšiai sugers didžiąją dalį vandens ir padidės dvigubai.

e) Nedelsdami patiekite ant šviežiai išvirtų makaronų ar spagečių ir papuoškite šviežiu baziliku.

f) Likusias porcijas sudėkite į patiekalų ruošimo indus, kad galėtumėte mėgautis vėliau šią savaitę.

36. Pusryčiai Burritos visą savaitę

Gamina: 5

Ingridientai

- 150 g ilgagrūdžių arba rudųjų ryžių (sauso svorio)
- 100 g konservuotų pjaustytų pomidorų
- 1 didelis baltas svogūnas (smulkiai pjaustytas)
- 10 vidutinių kiaušinių arba 250 ml skystų kiaušinių baltymų
- 10 sumažinto riebumo kiaulienos dešrelių (supjaustytų 1 cm kubeliais)
- 125 g sumažinto riebumo čederio arba meksikietiško sūrio (tarkuoto)
- 250 g konservuotų juodųjų pupelių
- 1 arbatinis šaukštelis jūros druskos, juodųjų pipirų ir rūkytos paprikos
- 5 pilno grūdo tortilijos
- 50 g marinuotų ir supjaustytų jalapenų

Kryptys

a) Pirmiausia išvirkite ryžius. Supilkite sausus ryžius į didelį puodą ir užpilkite 200 ml šalto vandens bei smulkintais pomidorais. Užvirinkite, tada sumažinkite ugnį iki mažos, uždenkite dangčiu ir troškinkite 10-15 minučių, kol ryžiai sugers visą skystį.

b) Kol laukiate, kol ryžiai išvirs, išvirkite likusius. Padėkite didelę, nepridegančią keptuvę ant vidutinės arba stiprios ugnies su trupučiu kokosų aliejaus. Kai kokosų aliejus ištirps, suberkite susmulkintą svogūną ir kepkite 3-4 minutes, kol svogūnai pradės ruduoti.

c) Į keptuvę su paprika, druska ir pipirais suberkite dešros kubelius ir juodąsias pupeles ir pakepinkite dar 3-4 minutes, kol taps traškūs. Kai iškeps, supilkite į dubenį ir atidėkite į šalį, o keptuvę grąžinkite ant ugnies.

d) Kai dešrelių mišinys iškeps, kepkite kiaušinius. Kiaušinius įmuškite į dubenį su trupučiu druskos ir pipirų ir išplakite šakute. Į keptuvę supilkite kiaušinius ir maišydami kepkite 3-4 minutes.

e) Kai visi komponentai iškeps, surinkite buritus. Išdėliokite tortilijas plokščiai ir išvirtus ryžius padalykite į kiekvieno vidurį trumpa stora linija, palikdami vietos aplink kraštus. Ant viršaus sudėkite dešros, svogūnų ir juodųjų pupelių mišinį, tada kiaušinius, tarkuotą sūrį ir galiausiai jalapenos.

f) Dabar sulenkite buritus. Užlenkite kiekvienos tortilijos šonus per mišinio vidurį, tada apatinį kraštą sandariai užlenkite iki vidurio. Suvyniotą mišinį sandariai sukite aukštyn link vienintelio atviro krašto ir toliau kočiokite, kol susidarys tankus burrito.

g) Laikas užšaldyti buritus. Kiekvieną burito sandariai apvyniokite maistine plėvele ir įdėkite į šaldiklį.

h) Kai būsite pasiruošę valgyti sveikų pusryčių burrito, tiesiog išvyniokite burrito ir apvyniokite jį virtuvinio rankšluosčio gabalėliu, tada mikrobangų krosnelėje maždaug. 2 minutes arba kol karšta. Jei norite, pridėkite pusę pašildyto avokado.

37. Burrito stiklainiai

Ingridientai

- 4 vištienos krūtinėlės
- 1 arbatinis šaukštelis kokosų aliejaus
- 4 pomidorai (smulkiai pjaustyti)
- 1 raudonasis svogūnas (smulkiai pjaustytas)
- Žiupsnelis druskos ir pipirų
- 1 laimas (išspaustas sultimis)
- 4 pakeliai (400g) Zero Rice
- 1 200 g skardinių saldžiųjų kukurūzų (nusausintų)
- 2 avokadai
- 2 galvos mažų brangakmenių salotų (smulkintų)
- 8 šaukštai grietinės
- Vasariniai svogūnai papuošimui

Kryptys

a) Vištienos krūtinėlę supjaustykite kubeliais, pagardinkite ir kepkite ant vidutinės ugnies su trupučiu kokosų aliejaus, kol visiškai iškeps. Išimkite ir leiskite atvėsti.

b) Išvirkite ryžius. Nuplaukite po šaltu vandeniu ir virkite 1 minutę mikrobangų krosnelėje arba 2–3 minutes keptuvėje. Atidėkite į šalį ir leiskite šiek tiek atvėsti.

c) Surinkite savo mūro stiklainius. Padalinkite ir supilkite pjaustytus pomidorus ir svogūnus, laimo sultis ir šiek tiek druskos bei pipirų ir išmaišykite. Į kiekvieną stiklainį įpilkite 2 šaukštus grietinės. Iš pradžių įpylę skysčio, po kelių dienų šaldytuve negausite įmirkusių salotų.

d) Cukrinius kukurūzus padalinkite į stiklainius, tada sudėkite ryžius, vištieną, avokadą, mažus brangakmenių salotų lapus ir galiausiai sūrį. Užsukite dangtį ir mėgaukitės sveikais pietumis 4 dienas!

38. Itin daug baltymų turintys įdaryti pipirai 4 būdai

Ingridientai

- 2 didelės paprikos, pašalintos viršūnėlės ir sėklos
- 50 g ilgagrūdžių ryžių, virti
- 1 vištienos krūtinėlė (virti ir supjaustyta)
- 2 šaukštai pomidorų salsos
- 50 g juodųjų pupelių
- 1 pakelis fajita prieskonių (arba norėdami pasigaminti patys, sumaišykite ½ arbatinio šaukštelio paprikos, ½ arbatinio šaukštelio svogūnų miltelių, ½ arbatinio šaukštelio česnako miltelių, ¼ arbatinio šaukštelio druskos, ¼ arbatinio šaukštelio pipirų)
- Sauja marinuotų jalapenų + 1 valgomasis šaukštas sūrymo
- Dollop grietinėlė

Kryptys

a) Dubenyje sumaišykite virtus ryžius, vištieną, salsą, juodąsias pupeles ir prieskonius ir šaukštu suberkite į pipirus.

b) Kepkite 180°C temperatūroje 20 minučių, tada apibarstykite grietine ir papildomais jalapenais.

39. Itališki vištienos kukuliai su spagečiais

Porcija: 4

Ingridientai:

- 1 svaras maltos vištienos krūtinėlės
- 1 linų kiaušinis (1 valgomasis šaukštas maltų linų sėmenų + 1 valgomasis šaukštas vandens)
- 1 valgomasis šaukštas susmulkinto šviežio baziliko
- 1 valgomasis šaukštas smulkintų šviežių itališkų petražolių
- ½ arbatinio šaukštelio džiovinto raudonėlio
- ¼ arbatinio šaukštelio svogūnų miltelių
- ¼ arbatinio šaukštelio česnako miltelių

Pomidorų padažui

- 2 (15 uncijų) skardinės be druskos pomidorų padažo
- ¾ puodelio Kalifornijoje prinokusių juodųjų alyvuogių, supjaustytų griežinėliais
- 1 valgomasis šaukštas kaparėlių
- 1 arbatinis šaukštelis malto česnako
- 1 vidutinio saldumo svogūnas, supjaustytas kubeliais
- 1½ puodelio kapotų grybų

- ½ arbatinio šaukštelio juodųjų pipirų
- ½ arbatinio šaukštelio džiovintų čiobrelių
- ½ arbatinio šaukštelio džiovinto rozmarino, susmulkinto
- ⅓ arbatinio šaukštelio džiovinto mairūno
- 1 valgomasis šaukštas susmulkinto šviežio baziliko
- 1 valgomasis šaukštas smulkintų šviežių itališkų petražolių

Dėl spagečių

- 4 didelės saldžiosios bulvės (spiralizuotos)

Nurodymai:

Vištienos kukuliams:

a) Įkaitinkite orkaitę iki 350°F.

b) Paruoškite linų kiaušinį nedideliame dubenyje ir atidėkite, kad sustingtų.

c) Dideliame dubenyje sumaišykite maltą vištieną, žoleles, prieskonius ir linų kiaušinį. Gerai išmaišykite, kad susimaišytų.

d) Didelę kepimo formą ištepkite riebalais ir suformuokite 12-14 kotletų, juos tolygiai išdėliodami į skardą.

e) Kepkite 30 minučių arba tol, kol vištiena visiškai iškeps.

Pomidorų padažui:

f) Tiesiog sudėkite visus padažo ingredientus į didelį sriubos puodą ir troškinkite 10 minučių. Sudėkite vištienos kukulius ir troškinkite dar 5 minutes.

Spagečiams:

g) Tiesiog spiralizuokite savo saldžiąsias bulves (1 asmeniui, todėl pakaks 4 bulvių), naudodami C peiliuką.

h) Sudėkite spiralizuotas bulves į mikrobangų krosnelėje saugų dubenį su keliais šaukštais vandens ir troškinkite mikrobangų krosnelėje 3–5 minutes, kol šiek tiek suminkštės.

i) Patiekite mėsos kukulius ir padažą ant spagečių ir mėgaukitės!

40. Viduržemio jūros Turkijos kukuliai su Tzatziki

Porcija: 50

Ingridientai:

- 2 svarai maltos kalakutienos
- 2 šaukštai alyvuogių aliejaus
- 1 vidutinio dydžio svogūnas, smulkiai pjaustytas
- Žiupsnelis druskos
- 1 vidutinė cukinija, tarkuota
- 1½ šaukšto kaparėlių, susmulkintų
- ½ stiklinės saulėje džiovintų pomidorų, pjaustytų
- 2 riekelės viso grūdo duonos (arba baltos duonos)
- ½ puodelio petražolių
- 1 kiaušinis
- 1 didelė česnako skiltelė, smulkiai pjaustyta
- ½ arbatinio šaukštelio košerinės druskos
- ½ arbatinio šaukštelio juodųjų pipirų
- 1 valgomasis šaukštas Worcestershire padažo
- ½ puodelio susmulkinto arba tarkuoto parmezano sūrio

- 2 šaukštai smulkiai pjaustytų šviežių mėtų

Tzatziki padažui

- 8 uncijos neriebaus paprasto jogurto
- 1 didelė česnako skiltelė, susmulkinta
- 1 citrina, nulupta
- 1 valgomasis šaukštas šviežių mėtų
- ½ agurko, nulupto

Nurodymai:

a) Įkaitinkite orkaitę iki 375 laipsnių. Paruoškite dvi kepimo skardas, išklokite jas skardos folija ir apipurkškite daržovių purškikliu.

b) Vidutinėje keptuvėje ant vidutinės ugnies įkaitinkite 1 šaukštą alyvuogių aliejaus. Suberkite svogūnus ir žiupsnelį druskos ir pakepinkite iki skaidrumo. Perkelkite svogūnus į didelį dubenį.

c) Į keptuvę įpilkite likusį šaukštą alyvuogių aliejaus ir suberkite tarkuotas cukinijas. Pabarstykite žiupsneliu druskos ir kepkite, kol cukinija suvys ir suminkštės – apie 5 minutes. Cukinijas perkelkite į dubenį su svogūnais. Sudėkite kaparėlius ir saulėje džiovintus pomidorus ir išmaišykite, kad susimaišytų.

d) Įdėkite duoną į mažo paruošiamojo virtuvinio kombaino dubenį ir plakite, kol gausite smulkių duonos trupinių. Įdėkite petražoles ir keletą kartų pasūdykite, kol petražolės bus susmulkintos ir gerai susimaišys su duonos trupiniais. Į dubenį perkelkite duonos trupinius. Į dubenį įpilkite kiaušinio, česnako, košerinės druskos, juodųjų pipirų, Vusterio padažo, parmezano sūrio ir mėtų ir išmaišykite.

e) Įdėkite kalakutieną ir rankomis įmaišykite kalakutieną į rišiklį, kol gerai susimaišys. Išgriebkite šaukštą kalakutienos mišinio ir susukite tarp rankų, kad suformuotumėte kotletą. Sudėkite kotletus ant sausainių lapo maždaug 1 colio atstumu vienas nuo kito. Kepkite 20-25 minutes, kol švelniai paruduos ir iškeps.

f) Tuo tarpu pasigaminkite tzatziki padažą: nedideliame dubenyje sumaišykite česnaką, citriną, mėtas ir agurką ir išmaišykite. Įpilkite jogurto ir išmaišykite, kad susimaišytų. Uždenkite ir atvėsinkite, kol paruošite patiekti.

g) Perkelkite kotletus į lėkštę ir patiekite tzatziki ant šono.

41. Daržovių ir jautienos kukuliai Marinara

Porcija: 9

Ingridientai:

- 6 arbatiniai šaukšteliai alyvuogių aliejaus, padalinti
- 4 skiltelės česnako, supjaustytos griežinėliais, padalintos
- 1 (28 uncijos) skardinė susmulkintų pomidorų
- 1 arbatinis šaukštelis druskos, padalintas
- 1 arbatinis šaukštelis cukraus
- 1 arbatinis šaukštelis grūstų raudonųjų pipirų dribsnių, padalintas, nebūtina
- 1 nedidelė cukinija, grubiai pjaustyta
- 1 vidutinė morka, grubiai pjaustyta
- ½ mažo geltonojo svogūno, grubiai supjaustyto
- ¼ puodelio petražolių lapelių ir dar daugiau papuošimui
- 1 svaras liesos jautienos
- ½ puodelio avižų
- ½ puodelio susmulkinto parmezano ir dar daugiau papuošimui
- 1 didelis kiaušinis, sumuštas

Nurodymai:

a) Iš anksto pašildykite broilerį. Įsitikinkite, kad orkaitės lentyna yra maždaug 4 coliais žemiau šilumos šaltinio. 1 arbatinį šaukštelį alyvuogių aliejaus patrinkite kepimo skardos paviršių.

b) Dideliame puode padažui ant vidutinės ugnies įkaitinkite likusius 5 arbatinius šaukštelius alyvuogių aliejaus. Įdėkite dvi skilteles česnako ir kepkite iki auksinės spalvos, maždaug 3 minutes. Įdėkite pomidorų, $\frac{1}{2}$ arbatinio šaukštelio druskos, cukraus ir $\frac{1}{2}$ arbatinio šaukštelio raudonųjų pipirų dribsnių (jei norite). Užvirkite, sumažinkite ugnį ir troškinkite uždengę 10 minučių.

c) Tuo tarpu virtuviniu kombainu sumaišykite cukiniją, morką, svogūną, likusį česnaką ir petražoles. Pulsuokite, kol smulkiai supjaustysite. Perkelkite daržovių mišinį į didelį dubenį. Įpilkite jautienos, avižų, parmezano, likusios druskos, likusių raudonųjų pipirų dribsnių (jei norite) ir kiaušinio. Gerai ismaisyti.

d) Iš mišinio suformuokite $1\frac{1}{2}$ colio skersmens kotletus. Tolygiai išdėliokite ant paruoštos kepimo skardos. Kepkite, kol mėsos kukulių viršus apskrus, apie 5 minutes.

e) Švelniai perkelkite kotletus į padažo puodą ir toliau kepkite uždengę 10 minučių arba tol, kol kotletai iškeps. Nuimkite nuo ugnies.

f) Patiekite kaip užkandį arba ant virtų spagečių kaip pagrindinį patiekalą. Jei norite, papuoškite petražolėmis ir parmezanu.

42. Baltyminiai mėsos kukuliai

Patiekiama: 12

Ingridientai:

- 0,8–1 svaras liesos maltos jautienos (95% liesos mėsos / 5% riebalų)
- 1 mažas geltonas svogūnas, sutarkuotas
- ¼ puodelio šviežių petražolių, maltų
- 1 kiaušinis
- ⅓ puodelio sausų duonos trupinių
- 1 arbatinis šaukštelis druskos ir ½ arbatinio šaukštelio pipirų

Nurodymai:

a) Įkaitinkite orkaitę iki 425 laipsnių.

b) Kepimo skardą su apvadu išklokite kepimo popieriumi.

c) Sumaišykite visus ingredientus į maišymo dubenį. Rankomis švelniai sumaišykite ingredientus, kol gerai susimaišys.

d) Iš mėsos suformuokite 1 colio skersmens rutuliukus, švelniai sukdami tarp rankų. Padėkite ant kepimo skardos, palikdami bent 1 colio atstumą tarp kiekvieno.

e) Kepkite 12 minučių. Išimkite iš orkaitės ir patiekite arba pridėkite prie marinara.

43. Kalakutienos, obuolių ir šalavijų mėsos kukuliai

Porcija: 20

Ingridientai:

- 1½-2 svarai maltos kalakutienos
- 1 didelis obuolys, tarkuotas (apie 1 puodelis, supakuotas; jei norite, nulupkite, bet aš ne)
- ½ puodelio smulkiai supjaustyto saldaus svogūno
- 2 dideli kiaušiniai, sumušti
- 2 šaukštai kokosų miltų
- 2 lengvai supakuoti šaukštai kapotų šviežių šalavijų lapų
- ½ arbatinio šaukštelio muskato riešuto
- Gausus žiupsnelis druskos
- ½ arbatinio šaukštelio maltų juodųjų pipirų

Nurodymai:

a) Dideliame dubenyje sumaišykite kalakutieną, obuolį, svogūną, kiaušinius ir kokoso miltus, kol sumaišysite. Tada įmaišykite šalavijus, muskato riešutą, druską ir pipirus, kol skoniai tolygiai pasiskirstys.

b) Susmulkinkite 3 šaukštus rutuliukų ir susukite tarp delnų, kad išlygintumėte.

c) Įkaitinkite orkaitę iki 350 ir įkaitinkite porą šaukštų aliejaus orkaitėje saugioje keptuvėje. Kepkite kotletus bent colio atstumu, kol dugnas taps tamsiai rudas ir traškus (apie 3-5 minutes), tada apverskite ir tą patį padarykite iš kitos pusės.

d) Skardą perkelkite į įkaitintą orkaitę ir kepkite 9-12 minučių, kol iškeps (centre nelieka rausvos spalvos). Manieji buvo tobuli 10 minučių.

e) Išvirtus arba termiškai neapdorotus kotletus laikykite sandariame inde šaldytuve iki 3 dienų, o šaldiklyje – iki 3 mėnesių.

44. Azijietiški mėsos kukuliai su Hoisin obuolių glaistu

Patiekiama: 24

Ingridientai:

Dėl mėsos kukulių

- ½ svaro kreminių grybų, grubiai pjaustytų (nuimti stiebai)
- 1 puodelis All-Bran Original dribsnių
- 1 svaro ypač liesos maltos kalakutienos
- 1 kiaušinis
- 1 skiltelė česnako, smulkiai susmulkinta
- ½ arbatinio šaukštelio skrudintų sezamų aliejaus
- 1 arbatinis šaukštelis sumažinto natrio sojos padažo
- 2 šaukštai kalendros, smulkiai pjaustytos
- 2 šaukštai žalių svogūnų, smulkiai pjaustytų
- ¼ arbatinio šaukštelio druskos
- ¼ arbatinio šaukštelio pipirų

Padažui ir garnyrui

- ¼ puodelio hoisin padažo
- ¼ puodelio ryžių vyno acto

- 1 puodelis nesaldinto obuolių padažo
- 2 šaukštai obuolių sviesto
- 1 valgomasis šaukštas sumažinto natrio sojos padažo
- 1 arbatinis šaukštelis sezamo aliejaus

Neprivalomi garnyrai

- Žemės riešutai, susmulkinti
- Žalieji svogūnai, plonais griežinėliais
- sezamo sėklos

Nurodymai:

Dėl mėsos kukulių:

a) Įkaitinkite orkaitę iki 400 F ir didelę kepimo skardą išklokite pergamentiniu popieriumi arba silpatu.

b) Virtuviniu kombainu susmulkinkite grybus, kol jie pasidarys į maltą mėsą panašią konsistenciją. Perkelkite į dubenį.

c) Į virtuvinį kombainą sudėkite „All-Bran" ir trinkite, kol pasidarys milteliai. Pridėti į dubenį.

d) Sumaišykite kalakutieną, kiaušinį, česnaką, skrudintą sezamo aliejų, sojų padažą, kalendrą, žalius svogūnus, druską ir pipirus. Susukite į 24 rutuliukus ir padėkite ant kepimo skardos.

e) Kepkite 15-18 minučių arba tol, kol išorė taps auksinės spalvos, o vidus visiškai iškeps.

Padažui ir garnyrui:

f) Didelėje keptuvėje sumaišykite Hoisin padažą, actą, obuolių padažą, obuolių sviestą, sojų padažą ir sezamo aliejų ir troškinkite ant vidutinės silpnos ugnies, kol visiškai susimaišys ir sutirštės.

Surinkti:

g) Kai mėsos kukuliai iškeps, sudėkite juos į keptuvę su padažu ir plakite, kol gerai apskrus.

h) Jei norite, papuoškite grūstais žemės riešutais, sezamo sėklomis ir griežinėliais pjaustytu žaliu svogūnu.

45. Skrudintas gilių skvošas su vištienos kukuliais

Porcija: 4

Ingridientai:

- 2 gilės moliūgai
- 1 valgomasis šaukštas alyvuogių aliejaus
- Jūros druska ir šviežiai malti pipirai
- 3 skiltelės česnako, susmulkintos
- 3 laiškiniai svogūnai, stambiai supjaustyti
- 1 puodelis kalendros lapų (nuimti stiebai)
- 1 svaras ypač liesos maltos vištienos
- 2 arbatiniai šaukšteliai maltų kmynų
- $\frac{1}{4}$ puodelio panko
- $\frac{1}{4}$-$\frac{1}{2}$ puodelio Perkelkite žalią čili, susmulkintą
- 2 šaukštai pušies riešutų
- $\frac{1}{4}$ puodelio Cotija sūrio - sutrupintas (nebūtina)
- 1 avokadas, pašalinta oda ir kauliukas
- 2 šaukštai natūralaus jogurto
- 1 šaukštas alyvuogių aliejaus majonezo

- Jei reikia, pasukas atskiesti
- Papildoma kalendra papuošimui

Nurodymai:

a) Įkaitinkite orkaitę iki 400 laipsnių (375 laipsnių konvekcinėje orkaitėje). Atsargiai supjaustykite abu moliūgo galus. Likusią dalį supjaustykite 1,5-3 colių apskritimais – tai gali būti 2 arba 3 gabalėliai. Dėkite ant kepimo skardos, aptepkite alyvuogių aliejumi, pagardinkite druska ir pipirais. Kol gaminsite įdarą, dėkite į įkaitintos orkaitės vidurį 15-20 minučių.

b) Į virtuvinio kombaino dubenį suberkite česnaką, laiškinius svogūnus ir kalendrą. Keletą kartų plakite, kol bus smulkiai supjaustyti, bet ne tyrė.

c) Įdėkite kalendros mišinį į didelį maišymo dubenį su malta vištiena. Sudėkite kmynus ir panko. Gerai ismaisyti. Rankos veikia geriausiai! Jei naudojate, supilkite žalią čili, pušies riešutus ir cotija. Nepermaišykite, bet pasistenkite įmaišyti į vištienos mišinį. Priklausomai nuo gilių skvošo griežinėlių skaičiaus ir jūsų pageidavimų, suformuokite 4-5 rutuliukus.

d) Išimkite moliūgą iš orkaitės. Į kiekvienos riekelės centrą įdėkite mėsos kukulį. Grąžinkite į orkaitę dar apie 25 minutes. Laikas priklauso nuo jūsų kotletų dydžio. Jei į mėsytę įsmeigsite šakutę, ji turi būti gana tvirta, o moliūgas – gana minkštas.

e) Kol kepa mėsos kukuliai ir moliūgai, avokadą, jogurtą, majonezą, druską ir pipirus sumaišykite trintuvu arba virtuviniu kombainu. Apdorokite iki vientisos masės. Patikrinkite prieskonius. Įpilkite pasukų iki norimos konsistencijos. Man jis patinka šiek tiek puresnis nei majonezas – tirštas, ne skystas!

f) Paruošę patiekti, ant kiekvienos porcijos uždėkite po šaukštelį avokadų kremo ir papuoškite kalendra. Mėgautis!

46. Medaus kepsninės vištienos kukuliai

Porcija: 4

Ingridientai:

Dėl mėsos kukulių

- 1 svaras maltos vištienos
- 1 puodelis džiūvėsėlių
- ¼ puodelio plonais griežinėliais pjaustytų žaliųjų svogūnų
- 2 dideli kiaušiniai, sumušti
- 2 šaukštai maltų šviežių plokščialapių petražolių
- 1 arbatinis šaukštelis malto česnako
- ½ arbatinio šaukštelio druskos
- ¼ arbatinio šaukštelio maltų juodųjų pipirų

Barbekiu padažui

- 1 (8 uncijos) skardinė pomidorų padažo
- ¼ puodelio medaus
- 1 valgomasis šaukštas Worcestershire padažo
- 1 valgomasis šaukštas raudonojo vyno acto
- ½ arbatinio šaukštelio česnako miltelių

- ½ arbatinio šaukštelio druskos
- ⅛ arbatinio šaukštelio maltų juodųjų pipirų

Nurodymai:

a) Įkaitinkite orkaitę iki 400 laipsnių F. Kepimo skardą išklokite aliuminio folija ir apipurkškite kepimo purkštuvu.

b) Paruoškite kotletus. Į didelį dubenį sudėkite visus mėsos kukulių ingredientus ir lengvai išmaišykite rankomis. Nepermaišykite, nes gausis kieti kotletai.

c) Rankomis iškočiokite 12-14 golfo kamuoliuko dydžio kotletų ir paskleiskite juos ant kepimo skardos.

d) Kepkite 15 minučių arba kol mėsos kukuliai iškeps.

e) Tuo tarpu paruoškite barbekiu padažą. Vidutiniame dubenyje išplakite visus padažo ingredientus, kol gerai susimaišys. Perkelkite padažą į didelį padažo puodą. Įjunkite ugnį iki vidutinės ir leiskite virti 7-8 minutes, retkarčiais pamaišydami. Padažas pradės tirštėti.

f) Sumažinkite ugnį iki minimumo. Iškepusius kotletus sudėkite į padažą ir švelniai išmaišykite, kad kotletai pasidengtų. Leiskite kotletams padaže troškintis 5 minutes, retkarčiais pamaišydami.

47. Kalakutienos saldžiųjų bulvių kotletai

Patiekiama: 16

Ingridientai:

- 1 svaras liesos maltos kalakutienos
- 1 puodelis virtų, trintų saldžiųjų bulvių
- 1 kiaušinis
- 2 skiltelės česnako, susmulkintos
- 1-2 jalapenos, susmulkintos
- 1/2 puodelio migdolų miltų (arba džiūvėsėlių)
- 1/2 puodelio svogūno, supjaustyto kubeliais
- 2 juostelės šoninės, supjaustytos kubeliais

Nurodymai:

a) Dideliame dubenyje sumaišykite visus ingredientus.

b) Gerai išmaišykite ir suformuokite rutuliukus (aš padariau apie 16).

c) Kepkite 400 laipsnių temperatūroje 18-20 minučių (arba kol vidinė temperatūra pasieks 165 laipsnius), vieną kartą apversdami.

DAUG BALTYMŲ

48. Lengvos meksikietiškos avinžirnių salotos

Tarnauja 4.

Ingridientai

- 19 uncijų skardinių avinžirniai, nuplauti ir nusausinti
- 1 didelis pomidoras, supjaustytas
- 3 sveiki žali svogūnai, supjaustyti griežinėliais ARBA S puodelis supjaustyto raudonojo svogūno
- 1/4 puodelio smulkiai pjaustytos kalendros (šviežios kalendros)
- 1 avokadas, supjaustytas kubeliais (nebūtina)
- 2 šaukštai augalinio arba alyvuogių aliejaus
- 1 valgomasis šaukštas citrinos sulčių
- 1 arbatinis šaukštelis kmynų
- 1/4 arbatinio šaukštelio čili miltelių
- 1/4 arbatinio šaukštelio druskos

Kryptys

a) Dubenyje išplakite aliejų, citrinos sultis, kmynus, čili miltelius ir druską.

b) Sudėkite avinžirnius, pomidorus, svogūnus, kalendrą ir išmaišykite, kol susimaišys.

c) Jei naudojate avokadą, įpilkite prieš patiekiant. Galima laikyti šaldytuve iki 2 dienų.

49. Tofu ir špinatų Cannelloni

Tarnauja 3-4

Ingridientai

- 8 cannelloni / manicotti makaronai (be glitimo, jei reikia), virti al dente
- 1 16 uncijų. indelį mėgstamo makaronų padažo
- 2 šaukštai alyvuogių aliejaus
- 1 vidutinio dydžio svogūnas, supjaustytas
- 1 1o oz. pakelis šaldytų špinatų, atšildytų ir susmulkintų - arba 1 maišelis šviežių kūdikių špinatų, susmulkintų
- 16 oz. kietas arba šilkinis tofu
- 1/2 puodelio mirkytų anakardžių, nusausintų ir smulkiai sumaltų (nebūtina)
- 1/4 puodelio susmulkintų morkų (nebūtina)
- 2 šaukštai citrinos sulčių
- 1 skiltelė česnako, susmulkinta
- 1 valgomasis šaukštas maistinių mielių
- 1 arbatinis šaukštelis druskos
- 1/4 arbatinio šaukštelio juodųjų pipirų

- Susmulkintas veganiškas sūris, pvz., Daiya (neprivaloma)

Kryptys

a) Nelipnioje keptuvėje svogūnus pakepinkite aliejuje, kol taps skaidrūs. Įmaišykite špinatus ir išjunkite ugnį.

b) Dubenyje sumaišykite tofu, anakardžius (jei naudojate), morkas, citrinos sultis, česnaką, maistines mieles, druską ir pipirus.

c) Įpilkite špinatų ir svogūnų mišinį į tofu mišinį ir maišykite, kol gerai susimaišys.

d) Įkaitinkite orkaitę iki 350 F. Ant 9×133 keptuvės dugno užpilkite ploną makaronų padažo sluoksnį.

e) Kiekvieną išvirtą kevalą mažu šaukšteliu užpildykite įdaru. Pripildytus lukštus išklokite į keptuvę ir apliekite likusiu makaronų padažu.

f) Uždenkite keptuvę folija, kad kevalai neišdžiūtų.

g) Kepkite apie 30 minučių arba kol pradės burbuliuoti.

h) Jei dedate veganiško sūrio, paskutines 2 minutes pabarstykite jį ant viršaus.

50. Kokosų kario lęšių sriuba

tarnauja 4.

Ingridientai

- 1 valgomasis šaukštas kokosų aliejaus (arba alyvuogių aliejaus)
- 1 didelis svogūnas, susmulkintas
- 2 skiltelės česnako, susmulkintos
- 1 valgomasis šaukštas šviežio imbiero, malto
- 2 šaukštai pomidorų pastos (arba kečupo)
- 2 šaukštai kario miltelių
- 1/2 arbatinio šaukštelio aitriųjų raudonųjų pipirų dribsnių
- 4 puodeliai daržovių sultinio
- 1400 ml skardinės kokosų pieno
- 1 400 g kubeliais pjaustytų pomidorų
- 1. 5 stiklinės sausų raudonųjų lęšių
- 2-3 saujos kapotų kopūstų arba špinatų
- Druska ir pipirai, pagal skonį
- Garnyras: smulkinta kalendra (šviežia kalendra) ir/arba veganiška grietinė

Kryptys

a) Puode ant vidutinės ugnies įkaitinkite kokosų aliejų ir maišydami pakepinkite svogūną, česnaką ir imbierą, kol svogūnas taps skaidrus, porą minučių.

b) Įpilkite pomidorų pastos (arba kečupo), kario miltelių ir raudonųjų pipirų dribsnių ir virkite dar minutę.

c) Supilkite daržovių sultinį, kokosų pieną, kubeliais pjaustytus pomidorus ir lęšius. Uždenkite ir užvirkite, tada troškinkite ant mažos ugnies 20-30 minučių, kol lęšiai labai suminkštės. Pagardinkite druska ir pipirais.

d) {Pagaminti iš anksto: galima atvėsinti, užšaldyti sandariuose induose ir pakartotinai pašildyti ant vidutinės-mažos ugnies.}

e) Prieš patiekdami įmaišykite lapinius kopūstus/špinatus ir papuoškite kalendra ir (arba) veganiška grietine.

51. Indijos kario kvinoja

tarnauja 4.

Ingridientai

- 1 puodelis quinoa, nuplauti ir nusausinti
- 1 skardinė (400 ml) kokosų pieno
- 1 skardinė (400 ml) kubeliais pjaustytų pomidorų
- 3 šaukštai kario miltelių
- 2 šaukštai kečupo arba pomidorų pastos
- 2 šaukštai kokosų aliejaus (arba kito augalinio aliejaus)
- 1 didelis svogūnas
- 1 skiltelė česnako, susmulkinta
- 1 morka, supjaustyta kubeliais
- 1 skardinė (400g) nusausintų avinžirnių
- 2 didelės saujos kapotų špinatų arba lapinio kopūsto
- 1/2 arbatinio šaukštelio malto raudonojo čili pipiro druskos ir pipirų kalendros (šviežios kalendros)

Kryptys

a) Vidutiniame puode sumaišykite quinoa, kokosų pieną, kubeliais pjaustytus pomidorus (su sultimis), kario miltelius ir kečupą/pomidorų pastą ir užvirinkite. Sumažinkite ugnį iki žemiausio lygio, uždenkite puodą ir troškinkite, kol quinoa bus paruošta, maždaug 15 minučių.

b) Kol kepa quinoa: keptuvėje ant vidutinės ugnies įkaitinkite aliejų ir maišydami pakepinkite česnaką ir svogūną, kol taps skaidrūs.

c) Sudėkite morkas ir pakepinkite porą minučių.

d) Suberkite avinžirnius ir kepkite dar porą minučių.

e) Sudėkite špinatus / lapinius kopūstus ir virkite, kol suminkštės, maždaug minutę.

f) Sumaišykite daržoves su quinoa, pagardinkite druska, pipirais ir grūstais raudonaisiais čili pipirais, o prieš patiekdami papuoškite kalendra.

52. Ant grotelių keptos daržovės ant baltųjų pupelių košės

tarnauja 2.

Ingridientai

- 1 raudonoji paprika (paprika), išskobta ir supjaustyta ketvirčiais
- 1 baklažanas (baklažanas), supjaustytas išilgai
- 2 cukinijos (cukinijos), supjaustytos išilgai
- 2 šaukštai alyvuogių aliejaus

Dėl košės

- 410 g skardinių pupelių, nuplautų (aš naudoju Cannellini arba White Kidney Beans)
- 1 česnako skiltelė, susmulkinta
- 100 ml daržovių sultinio
- 1 valgomasis šaukštas kapotos kalendros (kalendros)
- Citrinos griežinėliai, patiekti

Kryptys

a) Įkaitinkite grilį. Daržoves išdėliokite ant kepsninės ir lengvai patepkite aliejumi. Kepkite ant grotelių, kol švelniai apskrus, apverskite, vėl patepkite aliejumi, tada kepkite, kol suminkštės.

b) Tuo tarpu pupeles sudėkite į nedidelę keptuvę su česnaku ir sultiniu. Užvirinkite, tada virkite neuždengę 10 minučių.

c) Grubiai sutrinkite bulvių trintuvu, įpilkite šiek tiek vandens arba daugiau sultinio, jei košė atrodo per sausa. Padalinkite daržoves ir sutrinkite į 2 lėkštes, apšlakstykite aliejaus likučiais ir pabarstykite juodaisiais pipirais bei kalendromis. Į kiekvieną lėkštę įdėkite po citrinos skilteles ir patiekite.

53. Orkaitėje keptas seitanas

Ingridientai:

- 1 puodelis gyvybiškai svarbaus kviečių glitimo.
- 3 valgomieji šaukštai maistinių mielių.
- 1 arbatinis šaukštelis rūkytos paprikos.
- 1 arbatinis šaukštelis džiovintų čiobrelių arba 1 šviežias pavasarinis čiobrelis.
- 1 arbatinis šaukštelis džiovintų rozmarinų.
- 1 valgomasis šaukštas česnako miltelių.
- 1 arbatinis šaukštelis jūros druskos.
- 1/4 arbatinio šaukštelio džiovinto šalavijo.
- 1 valgomasis šaukštas veganiško Worcestershire padažo.
- 1 valgomasis šaukštas cukraus nemokamo BBQ padažo.
- 2 šaukštai skysto amino (arba sojos padažo).
- 1 puodelis daržovių sultinio.
- 4 puodeliai daržovių sultinio seitanui užvirti.

NURODYMAI:

a) Viename dubenyje sumaišykite sausas veikliąsias medžiagas, o kitame - šlapias.
b) Sumaišykite šlapią su sausu ir minkykite į „tešlą".

c) Minkykite šią tešlą apie 5 minutes arba tol, kol suaktyvės glitimas.
d) Užvirinkite apie 4 puodelius daržovių sultinio ant vidutinės ir stiprios ugnies.
e) Daugumą patiekalų prieš verdant reikia apvynioti seitaną plastikine plėvele, tačiau tai tik tam, kad išlaikytume formą, ir mes atrandame, kad mums patinka kaimiškas ir prisotintas daržovių sultinio skonio.
f) Tiesiog susukite seitano tešlą į rąstą ir troškinkite uždengtame puode su daržovių sultiniu 45 minutes.
g) Po 45 minučių įkaitinkite orkaitę iki 350 ° F ir kepkite seitaną ant kepimo skardos 20 minučių, o po 10 minučių apverskite.

54. Avinžirnių tofu

Ingredientai avinžirnių tofu:

- 2 puodeliai garbanzo pupelių miltų.
- 1/4 puodelio dietinių mielių.
- 2 arbatiniai šaukšteliai maltų kmynų.
- 1/2 arbatinio šaukštelio česnako miltelių.
- 1 arbatinis šaukštelis šviežiai maltų juodųjų pipirų.
- 1/4 arbatinio šaukštelio kajeno pipirų.
- 1 valgomasis šaukštas kokosų aliejaus arba alyvuogių aliejaus.
- 1 1/2 arbatinio šaukštelio druskos.

Tahini padažui:

- 1/4 puodelio tahini.
- 1 skiltelė česnako, susmulkinta.
- 1 arbatinis šaukštelis obuolių sidro acto.
- Naujai malti juodieji pipirai.
- 1 valgomasis šaukštas juodųjų sezamų sėklų.

Nurodymai:

a) Įkaitinkite orkaitę iki 400° F. dideliame dubenyje, sumaišykite visus avinžirnių tofu komponentus su 3/4 puodelio vandens ir gerai išmaišykite.

b) Kepimo skardą išklokite kepimo popieriumi, surinkite tešlą.

c) Kepkite 20 minučių arba tol, kol į centrą įsmeigtas dantų krapštukas išeis tvarkingas.

d) Išimkite iš orkaitės, leiskite visiškai atvėsti ir supjaustykite kąsnio dydžio gabalėliais.

e) Atskirame dubenyje sumaišykite tahini padažo veikliąsias medžiagas ir 2 šaukštus vandens (jei tahini per tiršta, įpilkite daugiau vandens).

f) Patiekite avinžirnių tofu ant rukolos lovos, užpiltą tahini padažu.

55. Troškintas tofu

Ingridientai:

- 1 svogūnas, supjaustytas plonais gabalėliais.
- 1 14 uncijų tvirto tofu, supjaustyto į 16 kvadratų.
- 1 šaukštelis cukraus.
- 1/2 -1 valgomasis šaukštas korėjietiško čili miltelių.
- 3 šaukštai sojos padažo.
- 4 valgomasis šaukštas sake.
- 1 svogūnas, supjaustytas plonais griežinėliais.
- Skrudintos sezamo sėklos.

Nurodymai:

a) Svogūnų griežinėlius sudėkite ant nepridegančios keptuvės arba keptuvės, tada sudėkite tofu gabalėlius.

b) Sumaišykite cukrų, korėjiečių čili miltelius, sojos padažą ir sake. Uždėkite tofu griežinėlius.

c) Uždenkite keptuvę dangčiu. Įjunkite ugnį iki didelės ir virkite, kol užvirs. Įjunkite ugnį iki vidutinės ir virkite dar 5 minutes, kelis kartus aptepkite padažu.

d) Nuimkite dangtį, vėl padidinkite ugnį ir virkite, kol padažas iš tikrųjų sumažės.

e) Išjunkite ugnį, perkelkite į serviravimo lėkštę, papuoškite laiškiniais svogūnais ir sezamo sėklomis. Patiekite iš karto.

56. Aštrus žemės riešutų sviestas tempeh

Ingridientai:

- 22 uncijos tempeh, supjaustyti 1 colio kubeliais.
- 6,5 uncijos laukiniai ryžiai, žali.
- Kokosų aliejaus purškalas.

Padažas:

- 4 Valgomieji šaukštai žemės riešutų sviesto.
- 4 šaukštai sojos padažo (mažas natrio kiekis).
- 4 šaukštai kokosų cukraus.
- 2 šaukštai raudonojo čili padažo.
- 2 arbatinius šaukštelius ryžių acto.
- 2 šaukštai imbiero.
- 3 skiltelės česnako (arba česnako pasta).
- 6 šaukštai vandens.

Kopūstai:

- 5 uncijos purpuriniai kopūstai, nuskusti/smulkiai supjaustyti.
- 1 laimas, tik sultys.
- 2 arbatiniai šaukšteliai medaus be agavų/obuolių bičių.
- 3 arbatiniai šaukšteliai sezamo aliejaus.

- Garnyras:

- Žalias svogūnas, susmulkintas.

Nurodymai:

a) Sumaišykite visus aštraus žemės riešutų padažo ingredientus.

b) Tempehą supjaustykite 1 colio (2,5 cm) kubeliais.

c) Į tempę įpilkite padažo, išmaišykite, uždenkite ir marinuokite šaldytuve 2-3 valandas arba, geriausia, per naktį. Tempeh iš tikrųjų gerai sugeria marinato skonį.

d) Įkaitinkite orkaitę iki 375 ° F / 190 ° C, išvirkite ryžius pagal pakuotės nurodymus.

e) Tempeh sudėkite ant nepridegančios plokščios skardos, apšlakstykite kokosų aliejumi, kepkite orkaitėje 25-30 minučių. Išsaugokite marinato likučius patiekimui.

f) Dubenyje sumaišykite visus kopūsto komponentus ir atidėkite į šalį, kad pasimarinuotų.

57. Rūkytos avinžirnių tuno salotos

Avinžirnių tunas:

- 15 uncijų. konservuotų ar kitaip virtų avinžirnių.
- 2-3 šaukštai nepieniško natūralaus jogurto arba veganiško majonezo.
- 2 arbatiniai šaukšteliai Dižono garstyčių.
- 1/2 arbatinio šaukštelio maltų kmynų.
- 1/2 arbatinio šaukštelio rūkytos paprikos.
- 1 valgomasis šaukštas šviežių citrinų sulčių.
- 1 saliero stiebas supjaustytas kubeliais.
- 2 laiškiniai svogūnai susmulkinti.
- Jūros druskos pagal skonį.

Sumuštinių surinkimas:

- 4 gabalėliai ruginės duonos arba daigintos kvietinės duonos.
- 1 puodelis kūdikių špinatų.
- 1 avokadas pjaustytas arba kubeliais.
- Druska + pipirai.

Nurodymai:

a) Virtuviniu kombainu sutrinkite avinžirnius, kol jie taps stambios, trapios tekstūros. Sudėkite avinžirnius į vidutinio dydžio dubenį ir sudėkite likusius aktyviuosius ingredientus, maišykite, kol gerai susimaišys. Pagardinkite daug jūros druskos pagal savo skonį.

b) Ant kiekvienos duonos riekelės sluoksniuokite mažyčių špinatų; tolygiai paskirstykite kelias kupinas avinžirnių tuno salotų. Ant viršaus užberkite avokado griežinėlių, porą grūdelių jūros druskos ir naujai maltų pipirų.

58. Tailandietiškos quinoa salotos

Dėl salotų:

- 1/2 puodelio virtos quinoa
- 3 Valgomieji šaukštai tarkuotų morkų.
- 2 valgomieji šaukštai raudonųjų pipirų, kruopščiai supjaustyti.
- 3 valgomieji šaukštai agurkų, smulkiai pjaustytų.
- 1/2 puodelio edamame
- 2 svogūnai, smulkiai pjaustyti.
- 1/4 puodelio raudonųjų kopūstų, smulkiai pjaustytų.
- 1 valgomasis šaukštas kalendros, kruopščiai susmulkintos.
- 2 valgomieji šaukštai skrudintų žemės riešutų, susmulkintų (nebūtina).
- Druska.

Tailando žemės riešutų padažas:

- 1 valgomasis šaukštas kreminio natūralaus žemės riešutų sviesto.
- 2 arbatiniai šaukšteliai mažai druskos sojos padažo.
- 1 arbatinis šaukštelis ryžių acto.
- 1/2 arbatinio šaukštelio sezamo aliejaus.

- 1/2 - 1 arbatinis šaukštelis sriracha padažo (nebūtina).

- 1 česnako skiltelė, kruopščiai susmulkinta.

- 1/2 arbatinio šaukštelio tarkuoto imbiero.

- 1 arbatinis šaukštelis citrinos sulčių.

- 1/2 arbatinio šaukštelio agavos nektaro (arba medaus).

Nurodymai:

a) Sumaišykite visus ingredientus, skirtus nedideliam dubeniui, ir sumaišykite, kol gerai susimaišys.

b) Sumaišykite quinoa su daržovėmis maišymo dubenyje. Įdėkite padažą ir gerai išmaišykite, kad susimaišytų.

c) Ant viršaus užbarstykite skrudintų žemės riešutų ir patiekite!

59. Turkiškos pupelių salotos

Dėl salotų:

- 1 1/2 stiklinės virtų baltųjų pupelių.
- 1/2 puodelio pjaustytų pomidorų.
- 1/2 puodelio supjaustyto agurko.
- 2 žalios paprikos, supjaustytos.
- 1/4 puodelio pjaustytų petražolių.
- 1/4 puodelio smulkintų šviežių krapų.
- 1/4 puodelio pjaustytų žalių svogūnų.
- 4 kietai virti kiaušiniai.

Persirengimas

- 2 puodeliai šilto vandens.
- 2 raudoni svogūnai, plonais griežinėliais.
- 1 valgomasis šaukštas citrinos sulčių.
- 1 arbatinis šaukštelis acto.
- 1 arbatinis šaukštelis druskos.
- 1 arbatinis šaukštelis žagrenių.

Nurodymai:

a) Dideliame dubenyje sumaišykite visus salotų komponentus, išskyrus kiaušinius.

b) Padažui viską išplakti ir uždėti ant salotų. Gerai išmaišykite ir uždėkite griežinėliais arba perpus perpjautus kiaušinius.

c) Supjaustytus svogūnus įmeskite į tikrai karštą vandenį, minutę blanširuokite ir perkelkite į labai šaltą vandenį, kad nustotų virti. Palikite juos keletą minučių šaltame vandenyje ir gerai nusausinkite.

d) Sumaišykite citrinos sultis, druską, actą ir žagrenį ir uždėkite ant nusausintų svogūnų. Viskas paruošta naudoti per 5-10 minučių. Kuo ilgiau jis laukia, tuo ryškesnė spalva.

e) Į salotų mišinį įpilkite raudonųjų svogūnų ir puikiai išmaišykite. Viršuje palikite šiek tiek papildomų svogūnų.

f) Padalinkite salotas į dubenėlius ir užpilkite dar keletu raudonųjų svogūnų.

60. Daržovių ir quinoa dubenys

Daržovės:

- 4 vidutinės sveikos morkos.
- 1 1/2 puodelio ketvirčiais supjaustytų geltonųjų bulvių.
- 2 valgomieji šaukštai klevų sirupo.
- 2 šaukštai alyvuogių aliejaus.
- po 1 sveiką žiupsnelį jūros druskos + juodųjų pipirų.
- 1 valgomasis šaukštas supjaustyto šviežio rozmarino.
- 2 puodeliai perpus perpjautų Briuselio kopūstų.

Kvinoja:

- 1 puodelis baltos quinoa gerai nuplauti + nusausinti.
- 1 3/4 stiklinės vandens.
- 1 žiupsnelis jūros druskos.

Padažas:

- 1/2 puodelio tahini.
- 1 vidutinė citrina, išspausta sultimis (išeiga - 3 valgomieji šaukštai arba 45 ml).
- 2-3 šaukštai klevų sirupo.

Patiekimui neprivaloma:

- Šviežios žolelės (petražolės, čiobreliai ir kt.).

- Granatų arilai.

Nurodymai:

a) Įkaitinkite orkaitę iki 400 laipsnių F (204° C) ir kepimo skardą išklokite pergamentiniu popieriumi

b) Įdėkite morkas ir bulves į lakštą ir apšlakstykite puse klevų sirupo, puse alyvuogių aliejaus, druskos, pipirų ir rozmarinų. Meskite, kad integruotumėte. Tada kepkite 12 minučių.

c) Tuo tarpu įkaitinkite keptuvę ant vidutinės-stiprios ugnies. Kai karšta, įpilkite nuplautą quinoa, kad lengvai pakeptų, o tada įpilkite vandens, kad išgaruotumėte likusią drėgmę ir paryškintumėte riešutų skonį.

d) Paruoškite 2-3 minutes, dažnai maišydami. Įpilkite vandens ir žiupsnelį druskos. Galiausiai paruoškite padažą.

e) Norėdami patiekti, kvinoją ir daržoves padalykite į dubenėlius ir užpilkite gausiu tahini padažu. Pirmaujantis su garnyru, pavyzdžiui, granatų arilomis ar šviežiomis žolelėmis.

61. Migdolų sviesto tofu pakepinti

Ingridientai

- 1 12 uncijų pakuotė papildomos įmonės tofu.
- 2 šaukštai sezamo aliejaus (padalinti).
- 4 valgomieji šaukštai sumažinto natrio tamari
- 3 valgomieji šaukštai klevų sirupo.
- 2 Valgomieji šaukštai migdolų sviesto
- 2 šaukštai laimo sulčių.
- 1-2 arbatiniai šaukšteliai čili česnako padažo

Daržovės

- Laukiniai ryžiai, baltieji ryžiai arba žiediniai kopūstai.

Nurodymai:

a) Kai orkaitė įkaitinama, išvyniokite tofu ir supjaustykite mažais kubeliais.

b) Tuo tarpu į nedidelį dubenį supilkite pusę sezamo aliejaus, tamari, klevų sirupo, migdolų sviesto, laimų sulčių ir čili česnako padažo / raudonųjų pipirų dribsnių / tailandietiškų čili. Sumaišykite, kad integruotumėte.

c) Įdėkite keptą tofu į migdolų sviesto-tamari padažą ir leiskite marinuotis 5 minutes, kartais pamaišydami. Kuo ilgiau jis marinuojasi, tuo aštresnis skonis, tačiau manau, kad pakanka 5-10 minučių.

d) Įkaitinkite didelę keptuvę ant vidutinės ugnies. Kai karšta, įpilkite tofu, palikdami didžiąją dalį marinato.

e) Kepkite apie 5 minutes, kartais pamaišydami, kol apskrus iš visų pusių ir šiek tiek karamelizuosis. Išimkite iš keptuvės ir atidėkite į šalį.

f) Į keptuvę supilkite likusį marinato sezamų aliejų.

62. Quinoa avinžirnių budos dubuo

Avinžirniai:

- 1 puodelis sausų avinžirnių.
- 1/2 arbatinio šaukštelio jūros druskos.

Kvinoja:

- 1 valgomasis šaukštas alyvuogių, vynuogių kauliukų arba avokadų aliejaus (arba kokoso).
- 1 puodelis baltosios quinoa (gerai nuplaunamas).
- 1 3/4 puodelio vandens.
- 1 žiupsnelis sveikos jūros druskos.

Kopūstai:

- 1 didelė pakuotė garbanotųjų kopūstų

Tahini padažas:

- 1/2 puodelio tahini.
- 1/4 arbatinio šaukštelio jūros druskos.
- 1/4 arbatinio šaukštelio česnako miltelių.
- 1/4 puodelio vandens.
- Patiekimui:
- Šviežios citrinos sultys.

Nurodymai:

a) Mirkykite avinžirnius per naktį vėsiame vandenyje arba naudokite greito mirkymo metodą: įdėkite nuplautus avinžirnius į didelį puodą ir uždenkite 2 colių vandens. Nusausinkite, nuplaukite ir vėl sudėkite į puodą.

b) Norėdami išvirti mirkytus avinžirnius, supilkite į didelį puodą ir užpilkite 2 coliais vandens. Užvirinkite ant stiprios ugnies, tada sumažinkite ugnį iki silpnos ugnies, įberkite druskos ir išmaišykite ir virkite neuždengtą 40 minučių – 1 valandą 20 minučių.

c) Išmėginkite pupeles ties 40 minučių, kad pamatytumėte, kokios jos švelnios. Jūs ieškote tiesiog švelnios pupelės su šiek tiek įkandimu, o odelės ims rodyti lupimo požymius. Kai tik paruošite, nusausinkite pupeles ir atidėkite į šalį bei pabarstykite dar šiek tiek druskos.

d) Paruoškite padažą į nedidelį dubenį suberdami tahini, jūros druską ir česnako miltelius ir išplakdami, kad susimaišytų. Tada po truputį pilkite vandenį, kol susidarys purus padažas.

e) Į vidutinę keptuvę įpilkite 1/2 colio vandens ir užvirkite ant vidutinės ugnies. Nedelsdami nukelkite kopūstą nuo ugnies ir perkelkite į nedidelį indą patiekti.

63. Seitano parmezanas

Ingridientai:

- 6 valgomieji šaukštai svarbiausio kviečių glitimo.
- 1/2 arbatinio šaukštelio svogūnų miltelių.
- 1/4 arbatinio šaukštelio paukštienos žolelių.
- 1/4 arbatinio šaukštelio druskos.
- 1 valgomasis šaukštas tahini.
- 5 šaukštai veganiško vištienos sultinio.
- 1 veganiškas kiaušinių pakaitalas.
- 6 šaukštai miltų.
- 1/4 arbatinio šaukštelio svogūnų miltelių.
- 1/4 arbatinio šaukštelio česnako miltelių.
- 1/4 arbatinio šaukštelio druskos.
- Pasirinktinai makaronai.
- Mėgstamiausias makaronų padažas.
- Veganiškas sūris, patiekimui.
- 1 didelis braziliškas riešutas, skirtas parmezanui.

Nurodymai:

a) Sumaišykite: 6 valgomuosius šaukštus svarbiausio kviečių glitimo, 1/2 arbatinio šaukštelio svogūnų miltelių, 1/4 arbatinio šaukštelio paukštienos žolelių ir 1/4 šaukštelio druskos.

b) Įvairiame dubenyje sumaišykite: 1 šaukštą tahini ir 5 šaukštus veganiško vištienos sultinio arba vandens.

c) Sujunkite 1 ir 2 eilutes, kol gausite seitano tešlą. Minkykite tešlą minutę.

d) Uždenkite vandeniu arba sultiniu. Kai tai padarysite, popieriniu rankšluosčiu išspauskite šiek tiek vandens iš pyrago.

e) Padarykite veganišką kiaušinį, kaip nurodyta. Naudokite šiek tiek daugiau vandens, kad kiaušinių tešla būtų plonesnė.

f) Padarykite miltų mišinį: 6 šaukštai miltų, 1/4 svogūnų miltelių, 1/4 česnako miltelių ir 1/4 druskos.

g) Panardinkite seitano pyragą į miltus, tada veganišką kiaušinių tešlą ir dar kartą miltus. Kepkite ant didelės/vidutinės ugnies iki auksinės rudos spalvos.

h) Patiekite su makaronais, padažu ir veganišku sūriu. Jei norite, ištirpinkite veganišką sūrį „kepimo" režimu. Brazilijos riešutą atsargiai sutarkuokite parmezanui.

64. Raudonųjų lęšių pyragaičiai

Pomidorų padažui:

- 1 14 uncijų skardinė pjaustytų pomidorų.
- Šlakelis agavų sirupo.
- 1 valgomasis šaukštas aliejaus.
- 1 arbatinis šaukštelis raudonojo, baltojo vyno.
- Čili, džiovintos Provanso žolelės ir paprikos milteliai pagal skonį.

Lęšių pyragams:

- 1 puodelis sausų raudonųjų lęšių.
- 1 1/2 puodelio, plius 3 šaukštai vandens.
- 1 arbatinis šaukštelis daržovių sultinio miltelių.
- 1 arbatinis šaukštelis ciberžolės.
- 1 svogūnas, supjaustytas.
- 1 skiltelė česnako, suspausta.
- 1/2 arbatinio šaukštelio kmynų.
- 1 linų kiaušinis.
- 2 valgomasis šaukštas petražolių.
- Druska ir pipirai, pagal skonį.

- Aliejus, pagal poreikį.

Pomidorų padažui gaminti:

a) Sudėkite visas veikliąsias medžiagas į puodą ir užvirinkite. Sumažinkite ugnį ir troškinkite apie 30 minučių, periodiškai pamaišydami. Atsikratykite nuo karščio.

Norėdami pagaminti lęšių pyragus:

b) Puode sumaišykite lęšius, vandenį, daržovių sultinį ir ciberžolę ir užvirkite. Jei būtina, sumažinkite ugnį ir virkite, kol lęšiai suminkštės ir vanduo susigers (įpilkite daugiau vandens. Periodiškai maišykite).

c) Kita vertus, svogūnus apkepkite keptuvėje.

d) Įkaitinkite orkaitę iki 390° F. kepimo skardą išklokite kepimo popieriumi ir patepkite aliejumi.

e) Į dubenį įmaišykite lęšius, svogūnus, česnaką, kmynus, linų kiaušinį, petražoles, druską ir pipirus. Gerai išmaišykite ir leiskite šiek tiek atvėsti.

f) Sudrėkinkite rankas vandeniu, suformuokite lęšių paplotėlį ir padėkite ant kepimo popieriaus. Patepkite trupučiu aliejaus.

g) Raudonuosius lęšius kepkite apie 20-25 minutes ir patiekite su pomidorų padažu.

65. Rukolos pesto ir cukinijos

Ingridientai:

- 2 riekelės ruginio skrebučio
- 1/2 avokado.
- 1/2 didelės cukinijos.
- Krūva rėžiukų .
- 1 česnako skiltelė.
- Rukolos pesto:
- 2 didelės saujos rukolos.
- 1 puodelis pušies riešutų (arba bet kurio riešuto).
- 1 didelė sauja špinatų.
- 1 laimo sultys.
- 1 arbatinis šaukštelis jūros druskos.
- 3 šaukštai alyvuogių aliejaus.

Nurodymai:

a) Pradėkite ruošdami rukolos pesto, sudėkite visus ingredientus į maisto malūną ir plakite, kol pesto taps aksominis ir lygus.

b) Patepkite cukiniją iš pradžių supjaustydami labai plonais horizontaliais gabalėliais. Mažoje keptuvėje ant vidutinės ugnies pašildykite grubiai pjaustytą česnako skiltelę, alyvuogių aliejų, pabarstykite jūros druska ir porą šlakų vandens.

c) Jei kepdama cukinija pradeda džiūti, įdėkite cukiniją ir patroškinkite 7 minutes – lėtai įpilkite vandens.

d) Paskrudinkite duoną, tada paskleiskite pesto ant skrebučio, suberkite cukiniją ir griežinėliais pjaustytą avokadą, o užtepkite rėžiukų!

66. Vegetariškas troškinys

Ingridientai:

- 1 valgomasis šaukštas alyvuogių arba rapsų aliejaus.
- 1 svogūnas, kruopščiai supjaustytas.
- 3 česnako skiltelės, supjaustytos.
- 1 arbatinis šaukštelis rūkytos paprikos.
- 1/2 arbatinio šaukštelio maltų kmynų.
- 1 valgomasis šaukštas džiovintų čiobrelių.
- 3 vidutinės morkos, supjaustytos.
- 2 vidutinės saliero lazdelės, smulkiai supjaustytos
- 1 raudona paprika, supjaustyta.
- 1 geltona paprika, supjaustyta.
- 2 x 400 g skardinės pomidorų arba nuluptų vyšninių pomidorų.
- 1 daržovių sultinio kubelis iki 250 ml
- 2 cukinijos, storai supjaustytos
- 2 šakelės šviežių čiobrelių.
- 250 g virtų lęšių.

Nurodymai:

a) Įkaitinkite 1 valgomąjį šaukštą alyvuogių arba rapsų aliejaus didžiuliame, stulbinančiame inde. Įdėkite 1 smulkiai supjaustytą svogūną ir kepkite 5–10 minučių, kol suminkštės.

b) Įdėkite 3 supjaustytas česnako skilteles, 1 arbatinį šaukštelį rūkytos paprikos, 1/2 šaukštelio maltų kmynų, 1 šaukštą džiovintų čiobrelių, 3 supjaustytas morkas, 2 smulkiai pjaustytas saliero lazdeles, 1 pjaustytą raudonąją papriką ir 1 pjaustytą geltonąją papriką ir virkite 5 minutes.

c) Įdėkite du 400 g stiklainius pomidorų, 250 ml daržovių sultinio (pagaminto iš 1 puodo), 2 storai supjaustytas cukinijas ir 2 šakeles naujų čiobrelių ir virkite 20–25 minutes.

d) Išimkite čiobrelių šakeles. Įmaišykite 250 g virtų lęšių ir vėl troškinkite. Pateikite su laukiniais ir baltais basmati ryžiais, moliūgais ar kvinoja.

67. Skrudinti briuselio kopūstai

Ingridientai:

- 1 svaras Briuselio kopūstų, perpjautų pusiau.
- 1 askaloninis česnakas, susmulkintas.
- 1 valgomasis šaukštas alyvuogių aliejaus.
- Druska ir pipirai, pagal skonį.
- 2 arbatinius šaukštelius balzamiko acto.
- 1/4 puodelio granatų sėklų.
- 1/4 puodelio ožkos sūrio, susmulkinto.

Nurodymai:

a) Įkaitinkite orkaitę iki 400° F. Briuselio kopūstus aptepkite aliejumi. Pabarstykite druska ir pipirais.

b) Perkelkite į kepimo skardą. Kepkite orkaitėje 20 minučių.

c) Apšlakstykite actu.

d) Prieš patiekdami pabarstykite sėklomis ir sūriu.

68. Avokadų avinžirnių sumuštinis

Ingridientai:

- 1 skardinė be druskos pridėta avinžirniai nusausinti vamzdelius ir nuplauti.
- 1 didelis prinokęs avokadas.
- 1 1/2 šaukštelio citrinos sulčių.
- 1/2 arbatinio šaukštelio smulkiai sumalto aštraus čili pipiro.
- Druskos ir pipirų.
- 4 riekelės pilno grūdo duonos.
- 1 didelis lobis pomidoras supjaustytas.
- 1/2 puodelio saldžiųjų mikrožalumynų.
- 1/2 puodelio susmulkintų morkų.
- 1/2 puodelio paruoštų ir susmulkintų burokėlių.

Nurodymai:

a) Dubenyje sutrinkite avokadą iki gana vientisos masės, įpilkite citrinos sulčių, aitriųjų čili pipirų ir avinžirnių. Pagardinkite druska ir pipirais.

b) Norėdami sudėti sumuštinį, ant vienos duonos riekės sudėkite pomidorų griežinėlius, suberkite mikrožalumynus, burokėlius, avinžirnių salotas ir morkas. Mėgautis!

69. Keptuvė quinoa

Ingridientai:

- 1 puodelis saldžiųjų bulvių, kubeliais.
- 1/2 stiklinės vandens.
- 1 valgomasis šaukštas alyvuogių aliejaus.
- 1 svogūnas, susmulkintas.
- 3 skiltelės česnako, susmulkintos.
- 1 arbatinis šaukštelis maltų kmynų.
- 1 arbatinis šaukštelis maltos kalendros.
- 1/2 arbatinio šaukštelio čili miltelių.
- 1/2 arbatinio šaukštelio džiovinto raudonėlio.
- 15 uncijų juodųjų pupelių, nuplautų ir nusausintų.
- 15 uncijų skrudintų pomidorų.
- 1 1/4 stiklinės daržovių sultinio.
- 1 puodelis šaldytų kukurūzų 1 puodelis quinoa (nevirtos).
- Druska pagal skonį.
- 1/2 stiklinės šviesios grietinės.
- 1/2 puodelio šviežių kalendros lapų.

Nurodymai:

a) Į keptuvę ant vidutinės ugnies įpilkite vandens ir saldžiųjų bulvių. Užvirinkite.

b) Sumažinkite ugnį ir virkite, kol saldžiosios bulvės suminkštės.

c) Įpilkite aliejaus ir svogūnų.

d) Virkite 3 minutes. Įmaišykite česnaką ir prieskonius ir kepkite 1 minutę.

e) Sudėkite likusius ingredientus, išskyrus grietinę ir kalendrą. Virkite 20 minučių.

f) Patiekite su grietine ir prieš patiekdami apibarstykite kalendra.

70. Lipnus tofu su makaronais

Ingridientai:

- 1/2 didelio agurko.
- 100 ml ryžių raudonojo vyno acto.
- 2 šaukštai auksinio cukraus pudros.
- 100 ml augalinio aliejaus.
- 200 g pakuotės firminis tofu, supjaustytas 3 cm kubeliais.
- 2 valgomieji šaukštai klevų sirupo.
- 4 šaukštai rudos arba baltos miso pastos.
- 30 g baltųjų sezamų sėklų.
- 250 g džiovintų soba makaronų.
- 2 svogūnai, susmulkinti, patiekti.

Nurodymai:

a) Skustuvu nupjaukite nuo agurko plonas juosteles, palikdami sėklas. Įdėkite juosteles į dubenį ir atidėkite. Keptuvėje ant vidutinės ugnies švelniai pakaitinkite actą, cukrų, 1/4 šaukštelio druskos ir 100 ml vandens, kol cukrus suskystės, tada užpilkite ant agurkų ir palikite marinuotis šaldytuve, kol ruošite tofu. .

b) Didelėje, neprideganč ioje keptuvėje ant vidutinės ugnies įkaitinkite visą aliejų, išskyrus 1 valgomąjį šaukštą, kol į paviršių pradės kilti burbuliukai. Įdėkite tofu ir kepkite 7-10 minučių.

c) Mažame dubenyje sumaišykite medų ir miso. Ant lėkštės paskleiskite sezamo sėklas. Apkeptą tofu aptepkite lipniu medaus padažu ir atidėkite likučius. Tofu tolygiai apibarstykite sėklomis, pabarstykite trupučiu druskos ir palikite šiltoje vietoje.

d) Paruoškite makaronus ir supilkite likusį aliejų, likusį padažą ir 1 valgomąjį šaukštą agurkų marinavimo skysčio. Virkite 3 minutes, kol sušils.

71. Veganiškas BBQ teriyaki tofu

Ingridientai:

- 4 valgomieji šaukštai mažai druskos turinčio sojų padažo.
- 2 šaukštai minkšto rudojo cukraus.
- Žiupsnelis malto imbiero.
- 2 valgomieji šaukštai mirino.
- 3 arbatiniai šaukšteliai sezamo aliejaus.
- 350 g blokelio itin tvirto tofu (žr. patarimą žemiau), supjaustyto storais griežinėliais.
- 1/2 šaukštelio rapsų aliejaus.
- 2 cukinijos, horizontaliai supjaustytos juostelėmis.
- 200 g minkšto stiebo brokolių.
- Baltųjų ir juodųjų sezamų sėklos, patiekimui.

Nurodymai:

a) Sumaišykite sojų padažą, minkštą rudąjį cukrų, imbierą ir miriną su 1 arbatiniu šaukšteliu sezamų aliejaus ir juo aptepkite tofu gabalėlius. Sudėkite juos į didelį, negilų patiekalą ir užpilkite likusį marinatą. Atvėsinkite bent 1 val.

b) Įkaitinkite kepsninę, kol anglys pradės šviesti baltai, arba įkaitinkite keptuvę. Likusį sezamų aliejų sumaišykite su rapsų aliejumi ir aptepkite cukinijų griežinėlius bei brokolius.

Kepkite ant grotelių (arba kepkite ant grotelių) ant žarijų 7–10 minučių arba tol, kol suskaus, tada palikite ir laikykite šiltai.

c) Kepkite tofu gabalėlius iš abiejų pusių ant žarijų 5 minutes (arba naudokite keptuvę), kol jie paruduos ir kraštai taps traškūs. Patiekite tofu ant daržovių lovos su likusiu marinatu ir pabarstykite ant sezamo sėklų.

72. Daigai su šparaginėmis pupelėmis

Ingridientai:

- 600 g briuselio kopūstų, supjaustytų ketvirčiais ir supjaustytų.
- 600 g šparaginių pupelių.
- 1 valgomasis šaukštas alyvuogių aliejaus.
- 1 citrinos žievelė ir sultys.
- 4 Valgomojo šaukštelio skrudintų pušies riešutų.

Nurodymai:

a) Virkite porą sekundžių, tada sudėkite daržoves ir maišydami pakepinkite 3-4 minutes, kol daigai šiek tiek nusidažys.

b) Įpilkite citrinos sulčių ir druskos bei pipirų pagal skonį.

73. Plikytas tofu su ridikėliais

Ingridientai:

- 200 g kieto tofu.
- 2 valgomieji šaukštai sezamo sėklų.
- 1 valgomasis šaukštas japoniško shichimi togarashi.
- Prieskonių mišinys.
- 1/2 šaukštelio kukurūzų miltų.
- 1 valgomasis šaukštas sezamo aliejaus.
- 1 valgomasis šaukštas augalinio aliejaus.
- 200 g minkšto stiebo brokolių.
- 100 g cukrinių žirnelių.
- 4 ridikėliai, labai smulkiai supjaustyti.
- 2 svogūnai, atsargiai supjaustyti.
- 3 kumquatai, labai smulkiai supjaustyti.
- Dėl padažo
- 2 šaukštai mažai druskos japoniško sojų padažo.
- 2 valgomieji šaukštai yuzu sulčių (arba 1 valgomasis šaukštas laimo ir greipfrutų sulčių).
- 1 arbatinis šaukštelis auksinio cukraus pudros.

- 1 mažas askaloninis česnakas, smulkiai pjaustytas.
- 1 arbatinis šaukštelis tarkuoto imbiero.

Nurodymai:

a) Tofu perpjaukite pusiau, gerai uždenkite virtuviniu popieriumi ir padėkite į lėkštę. Ant viršaus uždėkite sunkią keptuvę, kad iš jos išsispaustų vanduo.

b) Dubenyje sumaišykite sezamo sėklas, japoniškų prieskonių mišinį ir kukurūzų miltus. Purškite ant tofu, kol gerai sluoksniuosis. Atidėti.

c) Mažame dubenyje sumaišykite padažo ingredientus. Puode užvirkite vandens daržovėms ir didelėje keptuvėje įkaitinkite du aliejus.

d) Kai keptuvė labai įkaista, sudėkite tofu ir kepkite maždaug po 1 minutę iš abiejų pusių, kol gražiai apskrus.

e) Kai vanduo užvirs, 2–3 minutes paruoškite brokolius ir cukrinius žirnelius.

74. Lęšių lazanija

Ingridientai:

- 1 valgomasis šaukštas alyvuogių aliejaus.
- 1 svogūnas, susmulkintas.
- 1 morka, supjaustyta.
- 1 saliero lazdelė, susmulkinta.
- 1 česnako skiltelė, susmulkinta.
- 2 x 400 g skardinių lęšių, nusausinti, nuplauti.
- 1 valgomasis šaukštas kukurūzų miltų.
- 400 g skardinės pjaustytų pomidorų.
- 1 arbatinis šaukštelis grybų kečupas.
- 1 arbatinis šaukštelis pjaustytų raudonėlių (arba 1 arbatinis šaukštelis džiovintų).
- 1 arbatinis šaukštelis daržovių sultinio miltelių.
- 2 žiedinių kopūstų galvos, susmulkintos į žiedynus.
- 2 valgomieji šaukštai nesaldinto sojų pieno.
- Žiupsnelis naujai tarkuoto muskato riešuto.
- 9 džiovinti lazanijos lakštai be kiaušinių.

Nurodymai:

a) Keptuvėje įkaitinkite aliejų, suberkite morką, salierą ir svogūną, atsargiai paruoškite 10-15 minučių, kol suminkštės. Suberkite česnaką, pakepinkite porą minučių, tada įmaišykite lęšius ir kukurūzų miltus.

b) Įpilkite pomidorų ir pilną skardinę vandens, grybų kačiuką, raudonėlį, sultinio miltelius ir šiek tiek prieskonių. Troškinkite 15 minučių, retkarčiais pamaišydami.

c) Virkite žiedinius kopūstus puode su verdančiu vandeniu 10 minučių arba kol suminkštės. Nusausinkite vamzdžius, tada sutrinkite su sojų pienu, naudodami rankinį maišytuvą arba maisto malūnėlį. Gerai pagardinkite ir įmaišykite muskato riešuto.

d) Įdėkite dar 3 dalį lęšių mišinio, tada ant viršaus paskleiskite trečdalį žiedinių kopūstų tyrės, o po to - makaronų sluoksnį. Ant viršaus uždėkite paskutinį trečdalį lęšių ir lazanijos, po to likusią tyrę.

e) Laisvai uždenkite folija ir kepkite 35-45 minutes, nuimdami foliją paskutines 10 kepimo minučių.

75. Lęšių kotletai

Dėl mėsos kukulių:

- 3/4 puodelio džiovintų rudųjų ir žalių arba prancūziškų lęšių.
- 1 1/2 puodelio mažai natrio turinčio daržovių sultinio arba vištienos sultinio ir papildomai, jei reikia.
- 2 arbatinius šaukštelius alyvuogių aliejaus.
- 1/2 puodelio supjaustyto geltonojo svogūno - apie 1/2 vidutinio svogūno.
- 1 puodelis susmulkintų morkų.
- 2 skiltelės česnako – susmulkintos (apie 2 arbatinius šaukštelius).
- 1/2 puodelio senamadiškų valcuotų avižų arba greitai paruošiamų avižų, nenaudokite iš karto arba iš plieno pjaustytų.
- 1/4 puodelio kapotų šviežių itališkų petražolių.
- 1 1/2 šaukštelio pomidorų pastos.
- 1 arbatinis šaukštelis džiovintų raudonėlių.
- 1/2 arbatinio šaukštelio košerinės druskos.
- 1/4 arbatinio šaukštelio juodųjų pipirų.
- 1 didelis kiaušinis.

a) Paruoškite pilno grūdo makaronų makaronus, cukinijų makaronus arba saldžiųjų bulvių makaronus.

b) Įdėkite nuplautus lęšius į vidutinį puodą su daržovių sultiniu.

c) Svogūnus, česnakus ir morkas pakepinkite aliejuje.

d) Keletą kartų pasūdykite avižas ir petražoles, kad pradėtumėte skaidyti avižas. Įpilkite paruoštų lęšių, svogūnų mišinio, pomidorų pastos, raudonėlio, druskos ir pipirų, tada įmuškite kiaušinį. Pulsuokite dar keletą kartų, kol mišinys susijungs, bet lęšiai vis dar turi tam tikrą tekstūrą.

e) Lęšių mišinį susukite į maždaug 1 1/2 colio skersmens, maždaug golfo kamuoliuko dydžio kamuoliukus. Virkite 10 minučių.

76. Kiaulienos medalionai su lazdyno riešutais

Ingridientai

- 10 uncijų kiaulienos nugarinės, supjaustytos ½ colio storio apskritimais
- 1 arbatinis šaukštelis dižono garstyčių
- ½ puodelio smulkiai pjaustytų lazdyno riešutų
- 2 šaukštai susmulkinto šviežio baziliko
- Druska ir šviežiai malti juodieji pipirai pagal skonį
- 2 šaukštai alyvuogių aliejaus
- 1 puodelis mažai natrio turinčio vištienos sultinio
- ¼ puodelio pusės grietinėlės
- 1 stiklinė griežinėliais pjaustytų burokėlių, nusausintų

a) Su plaktuku arba mėsos daužtu sutrinkite kiekvieną kiaulieną tarp vaško popieriaus lapų iki ¼ colio storio. Dubenyje sumaišykite garstyčias, lazdyno riešutus, baziliką, druską ir pipirus.

b) Kiaulienos medalionus įmerkite į garstyčių mišinį ir atidėkite į šalį. Įkaitinkite sausą keptuvę 2 minutes, tada supilkite aliejų ir kaitinkite ant vidutinės-stiprios ugnies 1 minutę. Sudėkite nuskustus kiaulienos medalionus ir kepkite nuo 30 sekundžių iki 1 minutės kiekvienoje pusėje, kol riešutai lengvai paruduos (kiauliena baigs virti padaže).

c) Išimkite medalionus iš keptuvės ir laikykite šiltai. Į keptuvę įpilkite sultinio ir nusausinkite, nugramdydami visas rudas dalis, kurios prilimpa prie dugno. Įmaišykite grietinėlę ir troškinkite dar 3 minutes. Grąžinkite medalionus į padažą ir virkite dar 2 minutes.

d) Burokėlių griežinėlius išdėliokite dviejose lėkštėse. Kiekvieną medalioną uždėkite ant burokėlio griežinėlio ir patiekite iš karto.

77. Kiaulienos kotletai su pasimėgavimu

PAGAUKTI

- ¼ puodelio kapotų slyvinių pomidorų
- ¼ puodelio susmulkinto raudonojo svogūno
- 2 šaukštai raudonojo vyno acto
- 2 šaukštai aukščiausios kokybės pirmojo spaudimo alyvuogių aliejaus
- 1 česnako skiltelė, susmulkinta
- 2 šaukštai susmulkinto šviežio baziliko
- 1 arbatinis šaukštelis džiovintų raudonėlių
- ½ arbatinio šaukštelio druskos
- Šviežiai malti juodieji pipirai pagal skonį

MARINADAS

- 2 šaukštai raudonojo vyno acto
- 2 šaukštai alyvuogių aliejaus
- 1 česnako skiltelė, susmulkinta
- Du 10 uncijų storai supjaustyti kiaulienos kotletai
- Druska ir šviežiai malti juodieji pipirai pagal skonį
- 2 šaukštai augalinio aliejaus kapotų šviežių plokščialapių petražolių

- Šviežio parmezano sūrio garbanos papuošimui

a) Į nedidelį dubenį sumaišykite pagardinimo ingredientus. Atidėkite į šalį.

b) Marinato mišinį išplakite negilioje kepimo formoje. Kiaulienos kotletus sudėkite į marinatą, apversdami, kad apsemtų abi puses, ir atidėkite 10 minučių. Dabar išimkite kotletus iš marinato ir nusausinkite perteklių. Kotletus gausiai pasūdykite ir pabarstykite pipirais.

c) Ant stiprios ugnies 3 minutes pakaitinkite sausą ketaus keptuvę. Įpilkite augalinio aliejaus ir pakaitinkite dar 1 minutę. Sudėkite kotletus į karštą aliejų ir kepkite iki vidutinio reto, 3–4 minutes iš kiekvienos pusės arba iki pageidaujamo kepimo laipsnio.

d) Išdėliokite kotletus į lėkštę, ant viršaus uždėkite skanumo, kapotų petražolių ir parmezano sūrio garbanėlių. Patiekite iš karto.

78. Kiauliena su spageti moliūgais

Ingridientai

- 1 arbatinis šaukštelis alyvuogių aliejaus
- 12 uncijų kiaulienos nugarinės, supjaustytos 1 colio storio medalionais
- $\frac{1}{2}$ arbatinio šaukštelio košerinės druskos
- $\frac{1}{4}$ arbatinio šaukštelio šviežiai maltų juodųjų pipirų
- 1 valgomasis šaukštas maltų askaloninių česnakų
- 1 puodelis sauso raudonojo vyno
- $\frac{1}{4}$ arbatinio šaukštelio kukurūzų krakmolo
- Nutarkuota $\frac{1}{2}$ citrinos žievelė ir 2 arbatiniai šaukšteliai šviežių citrinos sulčių
- 1 valgomasis šaukštas visų vaisių (be cukraus) raudonųjų serbentų želė
- 1 arbatinis šaukštelis Dižono garstyčių
- 2 puodeliai skrudintų spagečių skvošo

a) Įkaitinkite didelę keptuvę ant vidutinės-stiprios ugnies, tada apliekite ją aliejumi. Tuo tarpu kiaulienos gabalėlius išdžiovinkite ant popierinio rankšluosčio, pagardinkite druska ir pipirais. Kepkite iki traškumo ir rudos išorėje, o ne rausvos spalvos viduryje, 3-4 minutes kiekvienoje pusėje. Perkelkite į pašildytas vakarienės lėkštes ir rezervuokite.

b) Į keptuvę suberkite askaloninius česnakus ir kepkite apie 30 sekundžių. Įpilkite vyno, užvirinkite ir sumažinkite iki maždaug ¼ puodelio, maždaug 5 minutes. Kukurūzų krakmolą ištirpinkite citrinos sultyse ir supilkite į padažą. Virkite, maišydami, kol padažas taps tirštas ir atrodys riebiai. Nukelkite nuo ugnies ir įmaišykite želė bei garstyčias. Paragaukite ir pagardinkite druska ir pipirais.

c) Kad patiektumėte, kiekvienoje lėkštėje padarykite po skrudintų spagečių moliūgų lizdelį ir užpilkite kiaulienos medalionais bei padažu.

79. Aštrus quinoa falafelis

Ingridientai:

- 1 puodelis virtos quinoa.
- 1 skardinė garbanzo pupelių.
- Pusė mažo raudonojo svogūno.
- 1 valgomasis šaukštas Tahini.
- 2 arbatiniai šaukšteliai kmynų miltelių.
- 1 arbatinis šaukštelis kalendros miltelių.
- 1/4 puodelio kapotų petražolių.
- 3 česnako skiltelės.
- Pusės citrinos sultys.
- 1 valgomasis šaukštas kokosų aliejaus.
- 1 valgomasis šaukštas tamari (GF sojos padažas).
- 1/2 - 1 arbatinis šaukštelis čili dribsnių.
- Jūros druskos paruošimas.

Nurodymai:

a) Garbanzo pupeles, raudonąjį svogūną, česnaką, tahini, čili dribsnius, kmynus, kalendras, citrinos sultis ir druską sumeskite į maisto malūną ir 15 sekundžių įjunkite ir išjunkite, kad pupelės suardytų. t jų tyrę.

b) Iš mišinio rankomis iškočiokite kamuoliukus (kiekvienam po 2 šaukštus tešlos) ir sudėkite į kepimo skardą.

c) Įdėkite juos į šaldytuvą 1 valandai.

d) Iš abiejų pusių pabarstykite trupučiu miltų.

e) Didelėje keptuvėje ant vidutinės ugnies įkaitinkite kokosų aliejų.

f) Sudėkite falafelio rutuliukus ir kepkite 3–5 minutes iš kiekvienos pusės.

80. Butternut moliūgų galetas

Ingridientai:

- 1 1/2 stiklinės speltos miltų.
- 6-8 šalavijų lapai.
- 1/4 stiklinės šalto vandens.
- 6 šaukštai kokosų aliejaus.
- Jūros druska.
- Įdarui:
- 1 valgomasis šaukštas alyvuogių aliejaus.
- 1/4 raudonojo svogūno, plonais griežinėliais.
- 1 valgomasis šaukštas šalavijų lapų.
- 1/2 raudono obuolio, labai smulkiai supjaustyto.
- 1/4 riešutinio moliūgo, nulupta oda ir labai smulkiai supjaustyta.
- 1 valgomasis šaukštas kokosų aliejaus, padalintas ir rezervuotas užpilimui.
- 2 valgomieji šaukštai šalavijų, skirti užpilui.
- Jūros druska.

Nurodymai:

a) Įkaitinkite orkaitę iki 350 ° F.

b) Padarykite plutą į maisto malūną įberdami miltų, jūros druskos ir šalavijų lapų. Palaipsniui įpilkite kokosų aliejaus ir vandens ir reguliariai pulsuokite, kol šis švelniai susimaišys su miltais. Pulsuokite tik tiek, kol komponentai susijungs, maždaug 30 sekundžių.

c) Tuo tarpu pasigaminkite įdarą. Mažoje keptuvėje ant vidutinės-stiprios ugnies įkaitinkite alyvuogių aliejų. Įdėkite į svogūnus, žiupsnelį druskos, vieną arbatinį šaukštelį šalavijų lapų ir patroškinkite apie 5 minutes. Atidėkite tai į šalį, kai tešlą iškočiojate į maždaug 1/4 colio storio apskritimą.

d) Sumaišykite moliūgą ir obuolius nedideliame dubenyje su šlakeliu alyvuogių aliejaus ir jūros druskos. Ant svogūnų uždėkite moliūgų ir obuolių griežinėlius (taip, kaip matote paveikslėlyje).

e) Švelniai užlenkite plutos kraštus ant išorinių moliūgų pusių.

f) Ant galetės viršaus sudėkite nedidelius kokosų aliejaus gabalėlius kartu su šalavijų lapeliais ir kepkite orkaitėje 20-25 minutes arba tol, kol plutelė susisluoksniuos, o moliūgas iškeps.

81. Kvinoja su kario pasta

Ingridientai

- 2 valgomasis šaukštas šviežios kalendros stiebo.
- 2 nedidelės saujos šviežių kalendros lapelių.
- 6 skiltelės česnako.
- 1 valgomasis šaukštas kalendros miltelių.
- 1/2 šaukštelio maltų kmynų.
- 1 colio imbiero gabaliukas (be odelės).
- 1 laimo sultys.
- 1 citrinžolės stiebas
- 1/2 puodelio askaloninių česnakų arba baltojo svogūno.
- 1 arbatinis šaukštelis čili dribsnių.
- Jūros druska.
- žalias karis

Nurodymai:

a) Pradėkite nuo kario pastos gaminimo, tiesiog viską sumaišykite į maisto malūną, kol ji gerai susimaišys ir sutrins į pastą.

b) Dabar apie karį – ant vidutinės/stiprios ugnies 5 minutes pašildykite kokosų aliejų ir svogūnus. Įdėkite visas daržoves, kokosų cukrų, kario pastą ir 1/4 puodelio vandens ir leiskite uždengti troškintis apie 10 minučių.

c) Palaipsniui įpilkite daugiau vandens, kad daržovės nesudegtų. Kai tik daržovės iškeps, supilkite kokosų pieną ir 1 puodelį vandens ir virkite dar 10 minučių, kol daržovės visiškai iškeps. Įmaišykite šviežių žaliųjų citrinų sulčių, papildomų kalendros lapelių ir rudųjų ryžių ar quinoa!

82. Kepta dūminė morkų šoninė

Ingridientai:

- 3 didelės morkos.
- 2 šaukštai rapsų aliejaus.
- 1 arbatinis šaukštelis česnako miltelių.
- 1 arbatinis šaukštelis rūkytos paprikos.
- 1 arbatinis šaukštelis druskos.

Nurodymai:

a) Morkas nuplaukite (nulupti nereikia) ir supjaustykite išilgai, naudodami mandoliną. Morkų juosteles išdėliokite ant kepimo popieriumi išklotos skardos. Įkaitinkite orkaitę iki 320° F. Sumaišykite likusius komponentus mažame dubenyje ir iš abiejų pusių aptepkite morkų juosteles.

b) Pašaukite į orkaitę 15 minučių, arba kai morkų juostelės bus banguotos.

83. Lašiša ant spagečių skvošo

Ingridientai

- ½ arbatinio šaukštelio penkių prieskonių miltelių
- 1 arbatinis šaukštelis tarkuotos apelsino žievelės
- ½ arbatinio šaukštelio cukraus
- ¼ arbatinio šaukštelio košerinės druskos
- ½ arbatinio šaukštelio šviežiai maltų juodųjų pipirų
- Dvi 6 uncijų lašišos filė
- 2 arbatiniai šaukšteliai Dižono garstyčių
- 1 valgomasis šaukštas žemės riešutų aliejaus
- 2 puodeliai skrudintų spagečių skvošo
- 2 šaukštai maltos šviežios kalendros

a) Mažame dubenyje sumaišykite penkių prieskonių miltelius su apelsino žievele, cukrumi, druska ir pipirais. Įtrinkite į abi filė puses ant vaško popieriaus. Garstyčias tepkite ant filė.

b) Įkaitinkite didelę keptuvę ant vidutinės-stiprios ugnies, tada aptepkite dugną aliejumi. Kepkite filė keptuvėje, apversdami tik vieną kartą, kol išorė taps traški ir rudos spalvos, iš viso 5–8 minutes.

c) Tuo tarpu skvošą padalinkite į dvi pašildytas pietų lėkštes. Ant viršaus uždėkite žuvies filė ir papuoškite kalendra.

84. Troškinta lašiša ant porų

Ingridientai

- 4 puodeliai (dvi 15½ uncijos skardinės) mažai natrio vištienos sultinio
- 1 puodelis vandens
- 3 šaukštai Provanso žolelių
- 1 vidutinio dydžio poras, supjaustytas ketvirčiais ir nuvalytas (žr. pastabą)
- Dvi 6 uncijų lašišos filė
- 2 šaukštai nesūdyto sviesto ¼ puodelio riebios grietinėlės

a) Didelėje keptuvėje su sandariu dangčiu sumaišykite vištienos sultinį, vandenį ir Provanso žoleles. Užvirinkite ant stiprios ugnies, uždenkite, tada sumažinkite ugnį iki vidutinės-mažos. Sudėkite porus ir virkite 7-10 minučių.

b) Lašišos filė sudėkite ant porų, odele žemyn, uždenkite ir kepkite 4-5 minutes arba tol, kol lašiša taps nepermatoma. Naudodami kiaurasamtį arba žnyplę išimkite lašišą ir porus į šiltą lėkštę ir uždenkite. Į keptuvę įpilkite sviesto ir grietinėlės ir virkite 5 minutes sumažindami padažą.

c) Padažą padalinkite į dvi sriubos lėkštes. Ant viršaus uždėkite porų, tada lašišos. Patiekite iš karto.

85. Ant grotelių kepta kardžuvė su salsa

Ingridientai

- Du 6 uncijų kardžuvės kepsniai be kaulų, ¾ colio storio
- 1 valgomasis šaukštas alyvuogių aliejaus
- 2 puodeliai susmulkintų ledkalnio salotų
- 1 puodelis pjaustytų ridikėlių
- 1 Hass avokadas
- 2 šaukštai aukščiausios kokybės salsos su trupučiu šviežios kalendros
- Nutarkuota 1 laimo žievelė ir sultys

a) Įkaitinkite dujinę, anglis arba elektrinę grilį. Aptepkite žuvį iš abiejų pusių alyvuogių aliejumi. Kepkite žuvį ant grotelių, vieną kartą apversdami, kai jos dugnas paruduos (apie 2 minutes), tada užbaikite antroje pusėje, kepkite, kol žuvis permatoma per vidurį (dar 2-3 minutes).

b) Tuo tarpu dviejose pašildytose vakarienės lėkštėse pasidarykite salotų, ridikėlių ir avokadų lysvę. Iškeptą žuvį perkelkite į pietų lėkštes ir ant kiekvieno kepsnio uždėkite didelį salsos gabalėlį. Viską išspauskite laimo sultimis ir pabarstykite žievele.

86. Tuno kepsniai su majonezu

Ingridientai

- 2 arbatinius šaukštelius majonezo
- 2 šaukštai malto šviežio arba 2 arbatiniai šaukšteliai džiovinto peletrūno ir peletrūno šakelių papuošimui
- Du 6 uncijų tuno kepsniai, 1 colio storio
- Druskos ir maltų pipirų pagal skonį
- 1 arbatinis šaukštelis alyvuogių aliejaus
- Suspaustas žieminis skvošas

a) Mažame dubenyje sumaišykite majonezą ir estragoną. Uždenkite ir atidėkite. Įkaitinkite sunkią keptuvę arba grilio keptuvę ant vidutinės-stiprios ugnies. Tuną nusausinkite popieriniais rankšluosčiais, tada pagal skonį pagardinkite druska ir maltais pipirais.

b) Sutepkite žuvies paviršių alyvuogių aliejumi. Kepkite ant grotelių apie 3 minutes kiekvienoje pusėje, kad būtų vidutinė. Perkelkite į pašildytas vakarienės lėkštes. Ant kiekvieno kepsnio užpilkite šlakelį peletrūno majonezo ir papuoškite peletrūno šakelėmis. Šalia tuno padėkite moliūgų kauburėlį.

87. Suspaustas žieminis moliūgas

Ingridientai

- Vienas ½ svaro sveriantis žieminis moliūgas (sviestinis riešutas, gubardas)
- 2 šaukštai nesūdyto sviesto
- Druska ir šviežiai malti juodieji pipirai pagal skonį

a) Moliūgo paviršių keliose vietose subadykite šakute. Įdėkite jį į mikrobangų krosnelę ir virkite aukštoje temperatūroje, kol suminkštės, maždaug 8 minutes.

88. Susmulkintos šukutės prosciutto

Ingridientai

- 2 uncijos plonais griežinėliais supjaustyto prosciutto
- 12 didelių šviežių baziliko lapelių
- 12 uncijų didelės jūros šukutės

KREMINIAI ŠPINATAI

- 1 valgomasis šaukštas alyvuogių aliejaus
- 12 uncijų šviežių kūdikių špinatų
- 2 šaukštai grietinėlės
- Druska pagal skonį
- ½ arbatinio šaukštelio šviežiai maltų juodųjų pipirų
- Žiupsnelis šviežiai tarkuoto muskato riešuto

a) 12 mažų medinių iešmelių pamirkykite vandenyje bent 20 minučių. Padėkite prosciutto gabalėlį ant darbinio paviršiaus, tada viename gale padėkite baziliko lapelį. Į viršų su šukute. Apvyniokite prosciutto aplink šukutę ir baziliką, įkišdami į šonus. Pakartokite procesą, kad gautumėte 12 paketų. Suverkite ant išmirkytų iešmelių, uždenkite ir atidėkite į šalį. Įkaitinkite grilį arba didelę keptuvę.

b) Pakelius apkepkite ant vidutinės anglies ugnies arba keptuvėje, apibarstytą alyvuogių aliejumi, kol prosciutto pradės šnypšti. Pasukite vieną kartą ir toliau kepkite, iš viso ne ilgiau kaip 5 minutes.

c) Tuo tarpu didelėje keptuvėje su trupučiu aliejaus pakepinkite špinatus, kol suvys. Įpilkite grietinėlės, pagal skonį pagardinkite druska, pipirais ir trupučiu muskato riešuto. Kad patiektumėte, ant kiekvienos iš dviejų pašildytų vakarienės lėkščių padėkite kreminių špinatų lova. Nuimkite šukučių pakelį nuo iešmelių ir išdėliokite ant špinatų.

89. Seitanas ir juodoji pupelė

Padažui:

- 400 g skardinės juodųjų pupelių, nusausinti vamzdelius ir nuplauti.
- 75 g tamsiai rudo minkšto cukraus.
- 3 česnako skiltelės.
- 2 šaukštai sojos padažo.
- 1 arbatinis šaukštelis kiniškų penkių prieskonių miltelių.
- 2 Valgomieji šaukštai ryžių acto.
- 1 valgomasis šaukštas lygaus žemės riešutų sviesto.
- 1 raudonasis čili, smulkiai pjaustytas.

Kepimui:

- 350 g stiklainio marinato seitano gabaliukai.
- 1 valgomasis šaukštas kukurūzų miltų.
- 2-3 šaukštai augalinio aliejaus.
- 1 raudona paprika, supjaustyta.
- 300 g pak choi, supjaustyto griežinėliais.
- 2 svogūnai, supjaustyti griežinėliais.
- Paruošti ryžių makaronai arba ryžiai, patiekti.

Nurodymai:

a) Pradėkite nuo padažo, pusę pupelių supilkite į maisto malūnėlio dubenį su likusiais veikliosiomis medžiagomis ir įpilkite 50 ml vandens. Pagardinkite, tada sutrinkite iki vientisos masės. Sudėkite į keptuvę ir atsargiai kaitinkite apie 5 minutes arba ilgiau, kol taps blizgus ir storas.

b) Nusausinkite seitano vamzdžius ir nusausinkite kepimo vietos popieriumi. Sumeskite seitano gabalėlius į dubenį su kukurūzų miltais ir palikite. Įkaitinkite wok iki aukštos temperatūros, įpilkite šiek tiek aliejaus, tada seitano – gali reikėti tai daryti dalimis. Maišydami kepkite apie 5 minutes, kol kraštai taps auksinės rudos spalvos. Išimkite seitaną iš wok, naudodami kiaurasamtį ir padėkite ant lėkštės.

c) Jei šiame etape wok keptuvė yra sausa, įpilkite 1 arbatinį šaukštelį augalinio aliejaus. Paruoškite 3-4 minutes, tada grąžinkite seitaną į keptuvę, įmaišykite padažą ir užvirinkite 1 min.

90. Curried tofu dangteliai

Ingridientai:

- 1/2 raudonojo kopūsto, susmulkinto.
- 4 valgomieji šaukštai jogurto be pieno
- 3 šaukštai mėtų padažo.
- 3 x 200 g tofu pakuotės, kiekviena supjaustyta į 15 kubelių.
- 2 šaukštai tandoori kario pastos.
- 2 šaukštai aliejaus.
- 2 svogūnai, supjaustyti.
- 2 didelės česnako skiltelės, supjaustytos.
- 8 chapattis.
- 2 laimai, supjaustyti ketvirčiais.

Nurodymai:

a) Sumaišykite kopūstą, jogurtą ir mėtų padažą, pagardinkite ir palikite. Sumaišykite tofu su tandoori pasta ir 1 šaukštu aliejaus. Įkaitinkite keptuvę ir pakepinkite tofu porcijomis po kelias minutes iš kiekvienos pusės iki auksinės spalvos. Išimkite iš keptuvės kiaurasamčiu ir.

b) Į keptuvę supilkite likusį aliejų, įmaišykite svogūnus ir česnaką ir kepkite 8-10 minučių, kol suminkštės. Grąžinkite tofu į keptuvę ir gerai pagardinkite.

c) Pašildykite chapattis vadovaudamiesi pakuotės instrukcijomis, tada kiekvieną užpilkite kopūstu, o po to – skrudintu tofu ir gausiai išspauskite laimo.

91. Tailandietiškos salotos su tempe

Salotos:

- 6 uncijos vermišelių makaronų
- 2 vidutinės nesmulkintos morkos, „surištos" daržovių skustuku arba spiralizatoriumi.
- 2 stiebeliai žaliųjų svogūnų
- 1/4 puodelio supjaustytos kalendros.
- 2-3 šaukštai pjaustytų mėtų.
- 1 puodelis laisvai supakuotų špinatų
- 1 puodelis labai smulkiai pjaustytų raudonųjų kopūstų.
- 1 vidutinė raudonoji paprika.
- 1 partija marinuotų žemės riešutų tempeh.

Apsirengimas:

- 1/3 puodelio sūdyto aksominio žemės riešutų sviesto, migdolų sviesto arba saulės sviesto.
- 3 valgomieji šaukštai tamari be glitimo.
- 3 valgomieji šaukštai klevų sirupo.
- 1 arbatinis šaukštelis čili česnako padažo
- 1 vidutinio laimo, išspaustos sultys (išeiga - 3 valgomieji šaukštai arba 45 ml).

- 1/4 puodelio vandens (iki skiesti).

Nurodymai:

a) Išvirkite ryžių makaronus pagal pakuotės nurodymus, nuplaukite, nusausinkite ir palikite atvėsti.

b) Į didelį serviravimo dubenį suberkite virtus ir atvėsintus makaronus, morkas, žaliuosius svogūnus, kalendrą, mėtas, špinatus, kopūstus ir raudonąją papriką ir lengvai išmeskite, kad susimaišytų. Rezervas.

c) Padarykite padažą.

d) Į salotas įpilkite 1/2 tempeh (nebūtina) ir 1/2 padažo ir išmaišykite. Pirmauja su likusia tempe ir padažu. Patiekite iš karto.

92. Pišpūstas quinoa batonėlis

Ingridientai:

- 3 valgomieji šaukštai kokosų aliejaus.
- 1/2 puodelio žalios kakavos miltelių.
- 1/3 puodelio klevų sirupo.
- 1 valgomasis šaukštas tahini
- 1 arbatinis šaukštelis cinamono.
- 1 arbatinis šaukštelis vanilės miltelių.
- Jūros druska.

Nurodymai:

a) Nedidelėje keptuvėje ant vidutinės ir mažos ugnies ištirpinkite kokosų aliejų, žalią kakavą, tahini, cinamoną, klevų jūrą, sirupą ir vanilės druską, kol pasidarys tirštesnis šokolado mišinys.

b) Šokolado padažą užpilkite ant išmuštos quinoa ir gerai išmaišykite. Supilkite didelį šaukštą šokoladinių traškučių į mažus kepimo puodelius.

c) Įdėkite juos į šaldiklį mažiausiai 20 minučių, kad sukietėtų. Laikykite šaldiklyje ir mėgaukitės!

93. Cšokoladiniai sausainiai

Ingridientai:

- 2 puodeliai universalių miltų be glitimo.
- 1 arbatinis šaukštelis kepimo sodos.
- 1 arbatinis šaukštelis jūros druskos.
- 1/4 puodelio veganiško jogurto.
- 7 šaukštai veganiško sviesto.
- 3 Valgomieji šaukštai anakardžių sviesto
- 1 1/4 puodelio kokoso cukraus.
- 2 chia kiaušiniai.
- Tamsaus šokolado plytelė, įsilaužimo porcijos.

Nurodymai:

a) Įkaitinkite orkaitę iki 375 ° F

b) Vidutinio dydžio maišymo dubenyje sumaišykite miltus be glitimo, druską ir kepimo soda. Atidėkite į šalį, kol ištirpsite sviestą.

c) Į dubenį sudėkite sviestą, jogurtą, anakardžių sviestą, kokosų cukrų ir maišytuvu arba rankiniu maišytuvu plakite kelias minutes, kol susimaišys.

d) Įdėkite chia kiaušinius ir gerai išmaišykite.

e) Įmaišykite miltus į chia kiaušinių mišinį ir plakite ant silpnos ugnies, kol susimaišys.

f) Supilkite šokolado gabalėlius.

g) Tešlą dėkite į šaldytuvą, kad sustingtų 30 minučių.

h) Išimkite tešlą iš šaldytuvo ir leiskite sustingti iki kambario temperatūros, maždaug 10 minučių, o sausainių skardą išklokite pergamentiniu popieriumi.

i) Rankomis ant pergamentinio popieriaus užmaukite 1 1/2 šaukšto dydžio sausainių tešlos. Tarp kiekvieno sausainio palikite šiek tiek vietos.

j) Kepkite sausainius 9-11 minučių. Džiaukis!

94. Shelled edamame dip

Ingridientai:

- 1/2 puodelio supjaustyto raudonojo svogūno.
- 1 laimo sultys.
- Jūros druska.
- Sauja kalendros.
- Kubeliais supjaustyti pomidorai (nebūtina).
- Čili dribsniai.

Nurodymai:

a) Tiesiog keletą sekundžių susmulkinkite svogūną maišytuve. Tada supilkite likusias veikliąsias medžiagas ir plakite, kol edamamas susimaišys didelėmis porcijomis.

b) Mėgaukitės kaip užtepėlė ant skrebučio, sumuštiniu, padažu ar pesto padažu!

95. Macha anakardžių puodeliai

Ingridientai:

- 2/3 puodelio kakavos sviesto.
- 3/4 puodelio kakavos miltelių.
- 1/3 puodelio klevų sirupo.
- 1/2 puodelio anakardžių sviesto arba bet kokio kito, ko norite.
- 2 arbatiniai šaukšteliai matcha miltelių.
- Jūros druska.

Nurodymai:

a) Užpildykite nedidelę keptuvę 1/3 puodelio vandens ir padėkite dubenį viršuje, uždengdami keptuvę. Kai dubuo įkaista, o apačioje esantis vanduo užvirs, dubenyje ištirpinkite kakavos sviestą, įjunkite ugnį ir. Kai jis ištirps, nukelkite nuo ugnies ir porą minučių įmaišykite klevų sirupą ir kakavos miltelius, kol šokoladas sutirštės.

b) Naudodami vidutinio dydžio keksiukų laikiklį, apatinį sluoksnį užpildykite gausiu šaukštu šokoladinio mišinio. Įdėkite juos į šaldiklį 15 minučių, kad sustingtų.

c) Išimkite šaldytą šokoladą iš šaldiklio ir ant šaldyto šokolado sluoksnio uždėkite 1 valgomąjį šaukštą matcha / anakardžių sviesto tešlos. Pabarstykite jūros druska ir palikite 15 minučių šaldytuve.

96. Cakvariumų šokolado griežinėliai

Ingridientai:

- 400 g skardinių avinžirnių, nuplauti, nusausinti.
- 250 g migdolų sviesto.
- 70 ml klevų sirupo.
- 15 ml vanilės pastos.
- 1 žiupsnelis druskos.
- 2 g kepimo miltelių.
- 2 g kepimo sodos.
- 40 g veganiško šokolado drožlių.

Nurodymai:

a) Įkaitinkite orkaitę iki 180°C/350°F.

b) Didelę kepimo formą ištepkite kokosų aliejumi.

c) Maišytuve sumaišykite avinžirnius, migdolų sviestą, klevų sirupą, vanilę, druską, kepimo miltelius ir soda.

d) Ištrinkite iki vientisos masės. Į paruoštą kepimo skardą įmaišykite pusę šokolado drožlių.

e) Pabarstykite rezervuotais šokolado drožlėmis.

f) Kepkite 45-50 minučių arba tol, kol įsmeigtas dantų krapštukas išeis švarus.

97. Sšlapi žali sausainiai

Ingridientai:

- 165 g žaliųjų žirnelių.
- 80 g kapotų medjool datulių.
- 60 g šilkinio tofu, sutrinto.
- 100 g migdolų miltų.
- 1 arbatinis šaukštelis kepimo miltelių.
- 12 migdolų.

Nurodymai:

a) Įkaitinkite orkaitę iki 180°C/350°F.

b) Žirnius ir datules sumaišykite virtuviniu kombainu.

c) Apdorokite, kol susidarys tiršta pasta.

d) Perkelkite žirnių mišinį į dubenį. Įmaišykite tofu, migdolų miltus ir kepimo miltelius. Iš mišinio suformuokite 12 rutuliukų.

e) Išdėliokite rutuliukus ant kepimo skardos, išklotos pergamentiniu popieriumi. Kiekvieną rutulį išlyginkite aliejumi pateptu delnu.

f) Į kiekvieną sausainį įdėkite po migdolą. Kepkite sausainius 25-30 minučių arba iki švelniai auksinės spalvos.

g) Prieš patiekdami atvėsinkite ant grotelių.

98. Bananos batonėliai

Ingridientai:

- 130 g lygaus žemės riešutų sviesto.
- 60 ml klevų sirupo.
- 1 bananas, sutrintas.
- 45 ml vandens.
- 15 g maltų linų sėmenų.
- 95 g virtos kinojos.
- 25 g chia sėklų.
- 5 ml vanilės.
- 90 g greitai paruošiamų avižų.
- 55 g pilno grūdo miltų.
- 5 g kepimo miltelių.
- 5 g cinamono.
- 1 žiupsnelis druskos.
- Užpilas:
- 5 ml ištirpinto kokosų aliejaus.
- 30 g veganiško šokolado, susmulkinto.

Nurodymai:

a) Įkaitinkite orkaitę iki 180°C/350°F.

b) 16 cm skersmens kepimo formą išklokite kepimo popieriumi.

c) Mažame dubenyje sumaišykite linų sėklas ir vandenį. Padėkite į šalį 10 minučių.

d) Atskirame dubenyje sumaišykite žemės riešutų sviestą, klevų sirupą ir bananą. Supilkite linų sėmenų mišinį.

e) Kai gausite vientisą mišinį, įmaišykite quinoa, chia sėklas, vanilės ekstraktą, avižas, viso grūdo miltus, kepimo miltelius, cinamoną ir druską.

f) Supilkite tešlą į paruoštą kepimo formą. Supjaustykite į 8 batonėlius.

g) Kepkite batonėlius 30 minučių.

h) Tuo tarpu pasigaminkite užpilą; sumaišykite šokoladą ir kokosų aliejų karščiui atspariame dubenyje. Padėkite ant verdančio vandens, kol ištirps.

i) Išimkite batonėlius iš orkaitės. Padėkite ant grotelių 15 minučių, kad atvėstų. Išimkite batonėlius iš kepimo formos ir apibarstykite šokoladiniu užpilu. Tarnauti.

99. Proteino spurgos

Ingridientai:

- 85 g kokosų miltų.
- 110 g vanilės skonio daigintų rudųjų ryžių baltymų miltelių.
- 25 g migdolų miltų.
- 50 g klevų cukraus.
- 30 ml ištirpinto kokosų aliejaus.
- 8 g kepimo miltelių.
- 115 ml sojų pieno.
- 1/2 arbatinio šaukštelio obuolių sidro acto.
- 1/2 arbatinio šaukštelio vanilės pastos.
- 1/2 arbatinio šaukštelio cinamono.
- 30 ml ekologiško obuolių padažo.
- Papildomas:
- 30 g kokosų cukraus pudros.
- 10 g cinamono.

Nurodymai:

a) Dubenyje sumaišykite visus sausus ingredientus.

b) Atskirame dubenyje išplakite pieną su obuolių padažu, kokosų aliejumi ir sidro actu.

c) Sulenkite šlapius ingredientus į sausus ir maišykite, kol gerai susimaišys.

d) Įkaitinkite orkaitę iki 180°C/350°F ir ištepkite 10 duobučių spurgų formą.

e) Paruoštą tešlą šaukštu supilkite į riebalais išteptą spurgų formą.

f) Spurgas kepkite 15-20 minučių.

g) Kol spurgos dar šiltos, pabarstykite kokosų cukrumi ir cinamonu. Patiekite šiltą.

100. Hvieno sezamo tofu

Ingridientai:

- 12 uncijų ypač tvirto tofu, nusausinto ir išdžiovinto.
- Aliejus arba kepimo purškalas.
- 2 šaukštai sumažinto natrio sojos padažo arba tamari.
- 3 skiltelės česnako, susmulkintos.
- 1 valgomasis šaukštas medaus.
- 1 valgomasis šaukštas tarkuoto nulupto šviežio imbiero.
- 1 arbatinis šaukštelis skrudintų sezamų aliejaus.
- 1 svaras šparaginių pupelių, apipjaustytų.
- 2 šaukštai alyvuogių aliejaus.
- 1/4 arbatinio šaukštelio raudonųjų pipirų dribsnių (nebūtina).
- Košerinė druska.
- Naujai malti juodieji pipirai.
- 1 vidutinis svogūnas, labai smulkiai pjaustytas.
- 1/4 arbatinio šaukštelio sezamo sėklų.

Nurodymai:

a) Atidėkite nuo 10 iki 30 minučių. Dideliame dubenyje suplakite sojos padažą arba tamari, česnaką, medų, imbierą ir sezamo aliejų; atidėti.

b) Tofu supjaustykite trikampiais ir padėkite vienu sluoksniu ant vienos paruoštos kepimo skardos pusės. Apšlakstykite sojų padažo mišiniu. Kepkite iki auksinės rudos dugno, 12–13 minučių.

c) Apverskite tofu. Šparagines pupeles vienu sluoksniu sudėkite ant kitos kepimo skardos pusės. Apšlakstykite alyvuogių aliejumi ir apibarstykite raudonųjų pipirų dribsniais; pagardinti druska ir pipirais.

d) Grąžinkite į orkaitę ir kepkite, kol tofu antroje pusėje taps auksinės rudos spalvos, dar 10–12 minučių. Pabarstykite svogūnais ir sezamo sėklomis ir patiekite iš karto.

IŠVADA

Yra daug dalykų, kurie gali prisidėti prie jūsų sėkmės, tačiau svarbiausia esate jūs! Neleisk kitiems tavęs nuvilti, kultūrizmas, kai laikotės veganiškos dietos, dažnai gali sukelti neigiamų kitų pastabų. Pasirinko to nepaisyti ir įrodyti, kad jie klysta.

Jei laikotės mitybos plano, kurį sudaro daug baltymų, angliavandenių, riebalų, vaisių ir daržovių, ir pratimų metu progresuojate pastoviu tempu, nėra jokios priežasties, kodėl jums nepavyks. Jums tiesiog reikia išlaikyti motyvaciją ir jos laikytis. Pritaikius visas žinias ir metodus, kuriuos išmokote iš šio vadovo, taip pat savo tyrimus, niekas jūsų nesustabdys – pirmyn ir sėkmės!

www.ingramcontent.com/pod-product-compliance
Lightning Source LLC
Chambersburg PA
CBHW070503120526
44590CB00013B/739